Otto Carl Meier

In den Fängen der Tessiner Strafjustiz

Zwischen Unfähigkeit, Arroganz und politischem Kalkül

Die Publikation enthält **Links auf Webseiten Dritter**, für deren Inhalt der Verlag nicht haftet, sondern lediglich auf deren Stand zum Zeitpunkt der Buchveröffentlichung verweist.
Anmerkungen in den Fussnoten enthalten Verweise auf Belege und Protokolle von Verwaltungsratssitzungen, Gerichtsentscheiden und Einvernahmeprotokollen, die wegen ihres Umfangs im Buch keinen Platz gefunden haben.
Die **Namen der im Fall Sogevalor hauptbeteiligten Personen, Institutionen und Gesellschaften** in dieser Publikation sind real, da sich der Autor bei der Aufarbeitung des Falls auf Fakten beruft und auf Veröffentlichungen im Internet und in der Presse verweist, in denen diese Namen erwähnt wurden. Wenige Namen von Personen sind geändert worden.

Otto Carl Meier

In den Fängen der Tessiner Strafjustiz

1. Auflage 2020
ISBN 978-3-907147-12-2

Lektorat und Layout Werner Affentranger
Korrektorat Marlis Boeschenstein
Umschlag Egbert Marday, «The Trial of Pompee»
Druck und Vertrieb BoD – Books on Demand, Norderstedt, www.bod.de
Herstellung und Verlag Publishing Partners, Biel-Bienne, www.publishing-partners.ch

Otto Carl Meier

In den Fängen der Tessiner Strafjustiz

Zwischen Unfähigkeit, Arroganz und politischem Kalkül

PP Publishing Partners

Kein nächtlicher Polizeibesuch, kein Abführen in Handschellen. Spektakulär ist sie nicht, die Geschichte. Aber fünfzehn Jahre ungerechtfertigte Anklagen und Urteile, Demütigungen, berufliche Schikanierung. Mehrere Hunderttausend Franken Kosten. Akrobatische Verteidigungs- und Überlebensübungen. Unter Stress, mit Glück und moralischer Unterstützung habe ich bis jetzt diesen Kampf gegen die Willkür überlebt.

Dies ist kein Kriminalroman, sondern eine Tatsachenschilderung.

Inhaltsverzeichnis

Vorwort

Die Sogevalor war eine Treuhandgesellschaft mit Sitz in Lugano. Sie verwaltete Kundenvermögen von Schweizern und Ausländern. Solche Gesellschaften gab es gegen Ende des 20. Jahrhunderts in grosser Zahl. Ihre Dienstleistungen wurden hauptsächlich von Ausländern beansprucht, die wegen der Rechtssicherheit und der stabilen politischen Verhältnisse sowie des Bankgeheimnisses ihr Vermögen oder Teile davon in der Schweiz verwaltet haben wollten. Sie wurden mit der Zeit immer mehr gesetzlichen Vorschriften unterworfen; erinnert sei an die sogenannten GWG-Vorschriften, die die Bekämpfung des Terrorismus und der Geldwäscherei zum Ziel hatten. Dies bedeutete auch immer mehr administrativen Aufwand, so dass es im Laufe der Zeit zu Zusammenschlüssen und Übernahmen in dieser Branche kam.

Die Sogevalor entwickelte sich im Laufe der Jahre von einer kleinen Treuhandgesellschaft zu einem bankähnlichen Institut mit entsprechender Struktur. Ich war Verwaltungsrat und später Präsident des Verwaltungsrats dieser Gesellschaft.

Infolge von Betrügereien der Hauptaktionäre geriet die Gesellschaft in Schwierigkeiten und wurde zwangsweise in einem Konkurs liquidiert.

Danach wurde gegen mich als Verwaltungsratspräsident eine Strafuntersuchung eingeleitet und schliesslich Anklage erhoben. Zwar wurde ich – im Gegensatz zu einzelnen andern Verwaltungsräten oder Mitarbeitern – nicht verhaftet, aber ich war während fast fünfzehn Jahren ungerechtfertigten Anklagen, Demütigungen und Schikanierungen ausgesetzt und hatte Hunderttausende Franken an Kosten zu tragen.

Das Buch beschreibt die Geschichte und den Zusammenbruch der Sogevalor aus meiner persönlichen Sicht.

Die Tatsachen sind mit Zehntausenden von Seiten belegt, die sich während der Prozesse angesammelt haben: Rapporte, Zeugenaussagen, Einvernahmen und Gerichtsentscheide.

Die Namen einiger Personen wurden geändert, nicht aber diejenigen der Strafverfolgungsbehörden, der Gerichte und von politischen Exponenten, welche im Übrigen ohne Weiteres öffentlich zugänglichen Dokumenten, Urteilen und Presseveröffentlichungen zu entnehmen sind.

Beau Vallon, Seychellen im Dezember 2019 Otto Carl Meier

1 Überblick

1.1 Der 10. August 2004: Zusammenbruch der Sogevalor AG Verhaftungen und Eingriff der Tessiner Staatsanwaltschaft

Am 10. August 2004, einem schönen Sommermorgen, ging ich um 9 Uhr früh an den Bankomaten bei der UBS Bleicherweg in Zürich – einige hundert Meter neben meiner Anwaltskanzlei –, um Geld zu beziehen. Nur: Der Bankomat verweigerte mir die Herausgabe von Banknoten.

Wie ich unmittelbar danach erfuhr, waren zwei meiner früheren Kollegen aus dem Verwaltungsrat der Sogevalor AG, dem ich seit 1976 angehört hatte, bis ich im März, das heisst ein halbes Jahr vor diesem Ereignis, zurückgetreten war, verhaftet worden, ebenso zwei Mitglieder der Direktion. Die Sogevalor war eine Vermögensverwaltungsgesellschaft in Lugano, die vorwiegend, aber nicht ausschliesslich, italienische Kunden betreute. Sie hatte im Jahr 2000 die sogenannte Effektenhändlerlizenz erhalten und konnte dadurch gewisse Bankgeschäfte selbstständig tätigen. So konnten die Kunden direkt bei ihr Konten eröffnen. Dadurch war sie der Aufsicht der Eidgenössischen Bankenkommission (EBK[1]), einer Behörde in Bern, welche die Tätigkeit der Banken zu überwachen hatte, unterstellt worden.
Wie sich herausstellte, hatte die Bankenkommission der Sogevalor die Betriebsbewilligung im Sommer 2004 entzogen und *Deloitte & Touche*, eine der grossen Wirtschaftsprüfungsfirmen, mit der Prüfung der Geschäftstätigkeit beauftragt. Die Prüfung führte zum Entzug der Effektenhändlerlizenz, das heisst der Lizenz, als bankähnliches Institut tätig zu sein, und zum Konkurs der Sogevalor AG.
Gleichentags, an eben diesem 10. August, erhielt ich eine Vorladung der Tessiner Staatsanwaltschaft zu einer Einvernahme auf den 23. August 2004.

1 Nachfolgeorganisation der EBK ist die heutige Finanzmarktaufsicht, die Finma.

Alle Bankkonten, meine persönlichen und solche von Firmen, auf denen ich unterschriftsberechtigt war, wurden gesperrt. So unter anderem alle Konten des Hotels Admiral Lugano, bei welchem ich Verwaltungsrat war, und anderer operativer Gesellschaften. Mit Mühe gelang es, den grössten Schaden zu verhindern und die Löhne des Hotelpersonals sowie diejenigen meiner Anwaltskanzlei und meines Treuhandbüros auszahlen zu können.
Dies alles erfolgte, obschon ich am 10. März desselben Jahres 2004 aus dem Verwaltungsrat ausgeschieden war, weil mir damals Informationen über Investitionen, die ich verlangt hatte, von den massgebenden Aktionären, die zugleich Mitglieder des Verwaltungsrats waren, vorenthalten worden waren. Die Umstände dieses Rücktritts werden später noch zur Sprache kommen.

Im folgenden beschriebenen Untersuchungsverfahren – oder besser in dem beschriebenen Ablauf, denn von einem ernsthaften Untersuchungsverfahren kann nicht die Rede sein –, wurde ich dann vom *Corte delle Assise Criminali* am 14. Dezember 2012 verurteilt: zu einer Strafe von zwei Jahren Gefängnis und zur Bezahlung einer Summe von CHF 300 000 zusätzlich Spesen von CHF 62 544.12 an den Staat sowie Summen in der Gesamthöhe von CHF 37 554 143 an Personen, deren Namen ich nicht kannte, die ich noch nie gesehen und von denen ich mit wenigen Ausnahmen nie etwas gehört hatte. Daneben wurden mir zugerechnete Vermögenswerte im Betrag von CHF 376 000 beschlagnahmt.
Vorgeworfen wurden mir ungetreue Geschäftsbesorgung und Misswirtschaft (siehe dazu weiter hinten).
Die Schludrigkeit des Urteils zeigt sich schon darin, dass da gesagt wird, **die Untersuchungshaft werde mir angerechnet, obwohl ich nie in Untersuchungshaft war**. Dies ist symptomatisch für die Art, wie der «Fall» behandelt wurde und zeigt, dass das Gericht Akten und Fakten nicht oder falsch und willkürlich würdigte. Das ist jedoch noch der geringste «Irrtum».
Gegen dieses Urteil hatte ich am 29. März 2013 Berufung erhoben. Das Urteil wurde in der zweiten Instanz, der *Corte di Appello e di Revisione*

Penale (kurz CARP), der strafrechtlichen Abteilung des Tessiner Appellationsgerichts, modifiziert.
Den Vorwurf der ungetreuen Geschäftsbesorgung und Misswirtschaft hat das Gericht aufrechterhalten, die Strafe und den Schadenersatz im Urteil vom August 2014 aber reduziert auf achtzehn Monate Gefängnis, bedingt auf zwei Jahre, einer Entschädigung an den Staat von über CHF 300 000 und zusätzlich zur Bezahlung von Schadenersatz in der Höhe von ungefähr CHF 22 000 000 (22 Millionen!) an die Konkursmasse der Sogevalor, vertreten durch Deloitte & Touche bzw. an einzelne Kunden der Sogevalor, die ich nicht kannte und die ich noch nie gesehen hatte.
Das Bundesgericht annullierte dieses Urteil mit Entscheid vom 6. März 2017, und das Appellationsgericht des Kantons Tessin musste einen neuen Entscheid fällen, der im August 2019 – **fast fünfzehn Jahre später – für mich zu einem Freispruch auf der ganzen Linie führte**.

1.2 Wie war es dazu gekommen?

Geschäftsführende Mitglieder des Verwaltungrates, die zugleich die massgeblichen Aktionäre waren, hatten hinter meinem Rücken (und hinter dem Rücken anderer) durch betrügerische Machenschaften Klienten geschädigt und ihnen einen Schaden in der Höhe von ungefähr 100 Millionen Franken verursacht.

1.3 Mein Rücktritt aus dem Verwaltungsrat am 10. März 2004

Der Grund, warum ich am 10. März 2004 zurückgetreten war, lag darin, dass mir Informationen über getätigte Investitionen vorenthalten und auch auf mehrmaliges Verlangen von den Mitverwaltungsräten Pierpaolo Matteuzzi, Rodolfo Oechslin und Giorgio Bernardoni – die zugleich die Mehrheit der Aktionäre verkörperten –, nicht ausgehändigt worden waren.

1.4 Eröffnung der Strafuntersuchung, Gerichtsverfahren und Konsequenzen

Es war für mich ein gewaltiger Schock, dass Kunden einer Gesellschaft, der ich lange Jahre als Verwaltungsrat und später als deren Präsident

gedient hatte, um ihr Geld geprellt worden waren. Dass die Behörden in diesem Fall auch die Tätigkeit des Verwaltungsrats untersuchen müssen, ist nachvollziehbar, auch dass man in solchen Fällen versucht, Vorwürfe wegen mangelnder Aufsicht zu machen, kann ich nachvollziehen.
Aber es liegen Welten dazwischen, den Verwaltungsräten mangelnde Aufsicht vorzuwerfen und der Beschuldigung des Verwaltungsratspräsidenten, all die Betrügereien gekannt und daran mitgewirkt oder sie auch nur gebilligt zu haben **und ihn dafür grundlos straf- und zivilrechtlich zu verurteilen**.
Ebenso willkürlich ist es, einzelne Mitglieder des Verwaltungsrats, die in der gleichen Position waren, nicht anzuklagen und die oberste Geschäftsführung und die Kontrollorgane völlig unbehelligt zu lassen.

Von diesem **Jahre dauernden abstrusen Verfahren, der Willkür und der Verletzung elementarster rechtsstaatlicher Grundsätze durch die Tessiner Strafjustiz** ist hier die Rede.

2 Die Geschichte der Sogevalor im Überblick

2.1 Die Zeit von 1977 bis 1999

2.1.1 Meine ersten Jahre in der Sogevalor AG

1977 hat mich Diego Abbas*, damals Hauptaktionär der Sogevalor AG, auf Veranlassung und nach einer Einführung durch Rodolfo Oechslin – den ich aus meiner Zeit kannte, als ich in einer grossen Tessiner Treuhandgesellschaft gearbeitet hatte – gebeten, als einziger Verwaltungsrat tätig zu sein. Es handelte sich für mich um die typische Funktion als fiduziarischer Verwaltungsrat, wie sie damals üblich war. Die Aktiengesellschaft brauchte gemäss Gesetz einen Schweizer mit Wohnsitz in der Schweiz als Mitglied des Verwaltungsrats. Ausländer, die hier tätig wurden, beauftragten dafür deshalb häufig Rechtsanwälte, so war es auch in diesem Fall der Sogevalor.

Ein Jahr zuvor hatte ich mich in Zürich als Rechtsanwalt selbstständig gemacht, nachdem ich vorher während vier Jahren für eine Tessiner Treuhandgesellschaft in Lugano und ein Jahr in Übersee gearbeitet hatte. Als Verwaltungsrat in einer Tessiner Treuhandgesellschaft, der Sogevalor AG, Einsitz zu nehmen, war für mich eine willkommene Gelegenheit, meine Beziehung zum Tessin aufrechtzuerhalten, auch wenn die Entschädigung bescheiden war: damals 2000 Schweizer Franken pro Jahr. Ich hatte sehr gerne in Lugano gearbeitet und dort in den drei Jahren Bekannte und Freunde gewonnen. Meine Frau und ich hatten uns wohlgefühlt, und unsere beiden Kinder waren in Sorengo am Rande von Lugano in der Clinica Sant'Anna zur Welt gekommen. Wir hatten uns gefreut über die fröhliche Art der meisten Tessiner und die lockere Atmosphäre in den Pizzerias und Grotti, in die man auch Kleinkinder ohne Weiteres mitnehmen konnte, was nach den Erfahrungen in Zürich und Toronto wohltuend war.

* Name geändert

Die Sogevalor SA wurde 1972 mit Sitz in der Via Nassa in Lugano gegründet.

Diego Abbas war ein untersetzter, intelligenter, quirliger Mann und auch den schönen Dingen zugetan. Er lebte teilweise in Mailand und in den USA, in Houston/Texas und New York. In New York besass er ein luxuriöses Apartment im Hotel Pierre, wohin er mich in den frühen 80er-Jahren einmal zum Frühstück einlud. In jener Zeit hatte ich für andere Klienten meiner Anwaltskanzlei häufig in New York zu tun. Ich betreute damals unter anderem Immobilienprojekte in der Nähe von Manhattan.

1977, also in der Anfangszeit meiner Tätigkeit bei der Gesellschaft, hatte die Sogevalor neben Diego Abbas noch einen Minderheitsaktionär mit einem substanziellen Aktienpaket, der jedoch von Abbas nach Meinungsverschiedenheiten ausbezahlt worden war, sodass die Gesellschaft ab diesem Zeitpunkt von Abbas allein beherrscht wurde.
Die Sogevalor war eine typische Vermögensverwaltungsgesellschaft, wie sie in jener Zeit üblich waren. Sie investierte Vermögen von Privatkunden in Wertpapiere und in Immobilien. Letzterer Teil gewann zunehmend an Bedeutung.
Die Geschäfte wurden von Alleinaktionär Diego Abbas persönlich und allein getätigt. Ein beachtlicher Teil dieser Investitionen erfolgte in den Vereinigten Staaten, vielfach in Houston. Abbas selbst verbrachte dort einen grossen Teil seiner Zeit, und auch seine Familie lebte spätestens seit Ende der 80er-Jahre in den USA. Seither verbrachte er immer weniger Zeit in Europa. Die Bedeutung der Investitionen in Immobilien in den USA nahm zu, daneben investierte Abbas das Geld der Klienten nach wie vor an der Börse, vor allem in New York. Mit dieser operativen Tätigkeit hatte ich nichts zu tun, hingegen orientierte mich Diego Ab-

bas von Zeit zu Zeit. Ich beschäftigte mich mit den formellen Teilen wie Verwaltungsratssitzungen, der Durchführung von Generalversammlungen und teilweise mit juristischer Beratung. Rodolfo Oechslin betreute zusammen mit einem halben Dutzend Mitarbeiterinnen und Mitarbeitern die Administration der Gesellschaft.

2.1.2 Der Eintritt von Pierpaolo Matteuzzi

1988 trat Pierpaolo Matteuzzi in die Sogevalor ein. Er kam aus einer Tessiner Privatbank, ursprünglich Italiener aus Bologna, wo er gemäss seinen eigenen Aussagen auch eine erfolgreiche Karriere als Fussballer hinter sich hatte. Er brüstete sich gerne mit seiner Fussballvergangenheit und Frauengeschichten. Er war extravertiert und hatte mehr Führungseigenschaften als Rodolfo Oechslin, der zwar ebenfalls gut mit Leuten umgehen konnte, aber einen gutmütigen Charakter hatte und schwerlich Nein sagen konnte. In der Gesellschaft nahm Rodolfo Oechslin nach wie vor die Funktion des Administrators wahr, er betreute die Buchhaltung und das Personal, hatte aber von allem Anfang an einen guten Kontakt zu Klienten und zu den Agenten, die der Gesellschaft Klienten zuhielten, deren Vertrauen er zu gewinnen wusste. Im Gegensatz zu Pierpaolo wurde er tatsächlich von Frauen umschwärmt. Zusammen machten sie den Eindruck eines guten Teams.
Pierpaolo Matteuzzi war der Finanzberater, der die Investitionen zusammen mit Diego Abbas tätigte, er hatte ihm gegenüber eine Assistentenfunktion. Im Laufe der Zeit übertrug ihm Abbas immer mehr Kompetenzen und Funktionen, er betrachtete ihn als seinen Ziehsohn und führte ihn in das Geschäft in den USA ein.

Nach seinem Eintritt wurde der Verwaltungsrat neu organisiert. Pierpaolo Matteuzzi wurde Mitglied, Rodolfo Oechslin ebenso und gleichzeitig Verwaltungsratsdelegierter, und ich wurde Präsident.
Der Kontakt und die Zusammenarbeit zwischen Diego Abbas und Pierpaolo Matteuzzi wurde immer enger und persönlicher, Pierpaolo wurde auch an Abbas' Familienfeste eingeladen, beispielsweise zu

religiösen jüdischen Festen für die heranwachsenden Kinder in Houston.
Diego Abbas kam immer seltener in die Schweiz. In der Regel besuchte Pierpaolo ihn in den USA, häufig zusammen mit Rodolfo Oechslin. Pierpaolo übernahm neben Rodolfo einen grossen Teil der operativen Führung der Sogevalor in Lugano, unter anderem als Klientenbetreuer und Verwalter von deren Vermögen zusammen mit Diego Abbas.

2.1.3 Sanierungsmassnahmen von 1991 und die Folgejahre

Der Jahresabschluss 1991 enthielt nach der Meinung der Revisionsstelle ungedeckte oder zumindest ungenügend gedeckte Debitorenbestände. Die Gesellschaft beschloss daraufhin, ein Sanierungsverfahren durchzuführen unter der Aufsicht der damaligen Revisionsstelle, der Neutra AG. Die Neutra AG wurde später von der Wirtschaftsprüfungsgesellschaft Ernst & Young übernommen. Leitender Revisor war schon damals Michele Ortelli, eidg. dipl. Wirtschaftsprüfer, der die Sogevalor auch später, nämlich 1999 bis 2004, als leitender Revisor der Ernst & Young betreute, in der Zeit also, in welcher – wie wir noch sehen werden – gemäss Behauptungen der Staatsanwaltschaft Tessin die kriminellen Handlungen erfolgten, die zum Zusammenbruch der Gesellschaft führten.
Bei der Sanierung 1991 wurde das Kapital auf eine Million Franken erhöht, und die für die Sanierung notwendigen Mittel wurden von Diego Abbas und Pierpaolo Matteuzzi aufgebracht. Die Kapitaleinlagen wurden von der Revisionsstelle, der Neutra AG, überwacht. Insbesondere die Herkunft der Gelder, die Pierpaolo einbrachte, wurden damals klar ausgewiesen und kontrolliert. Dieser hatte nachweislich ein Darlehen einer Bank und solche von privaten Industriellen aus Italien erhalten, und er hatte die entsprechenden Dokumente vorgewiesen, woran ich mich sehr gut erinnere. Gesamthaft hat er USD 1 384 000 und Diego Abbas USD 1 500 000 an neuen Finanzmitteln eingeschossen, was von der Revisionsstelle auch bestätigt wurde.[2]

2 Vgl. auch Brief der Revisionsstelle an die Eidgenössische Bankenkommission vom 14. Februar 2000..

In den Folgejahren entwickelte sich die Sogevalor ohne grosse Probleme und fuhr in ruhigen Gewässern.

2.1.4 Der Rückzug von Diego Abbas in die USA und das sogenannte «Settlement»

Diego Abbas äusserte in den 90er-Jahren den Wunsch, sich in die USA zurückzuziehen und die Sogevalor an die lokalen Mitarbeiter in Lugano zu übertragen. Die entsprechenden Verhandlungen fanden zwischen Pierpaolo Matteuzzi und Diego Abbas statt, was anfangs gut funktionierte. Später kam es zu Unstimmigkeiten, insbesondere als sich zeigte, dass gewisse von Abbas initiierte Investitionen schlecht gelaufen waren. Damit traten, zehn Jahre nach den von der Revisionsgesellschaft verlangten Sanierungsmassnahmen, Schwierigkeiten auf.

Im Zusammenhang mit der Übertragung der Aktien der Sogevalor auf Pierpaolo Matteuzzi (und Rodolfo Oechslin) kam es zu Meinungsverschiedenheiten hinsichtlich der Sogevalor beziehungsweise der ihren Klienten zustehenden Vermögenswerte und deren Werthaltigkeit. Es zeigte sich leider, dass Vermögen von Gläubigern wegen der von Diego Abbas getätigten Investitionen in den USA, welche Verluste verursacht hatten, nicht mehr voll gedeckt waren. Diese Vermögenswerte waren juristisch in den beiden Fonds Tissera und Global enthalten. Die Verluste waren nach Ansicht der Sogevalor – insbesondere gemäss Pierpaolo Matteuzzis und Rodolfo Oechslins Urteil – durch Diego Abbas persönlich zu vertreten. Nachdem dieser für die Investitionen in jener Zeit allein zuständig und verantwortlich gewesen war, war diese Auffassung grundsätzlich richtig und seine Verantwortung offensichtlich. Abbas war allerdings anderer Auffassung. Die Sogevalor erhob Klage gegen Diego Abbas und verschiedene von ihm kontrollierte Gesellschaften vor dem District Court in Dallas (Texas) im Januar 1998. Die Tatsachen und juristischen Fragen waren äusserst komplex, und langwierige Prozesse zeichneten sich ab, deren Ausgang aus juristischer und wirtschaftlicher Sicht nach Auffassung der amerikanischen Anwälte in den USA unsicher war. Die US-Anwälte empfahlen, eine gütliche Einigung zu suchen. Aus diesem Grund wurde am 17. Juni 1998 eine Vereinbarung mit Abbas und zugleich ein «Settlement» mit den Gläubigern (Klienten) entworfen und abgeschlossen, bei welchem die Gläubiger eine Quote von 62 Prozent ihrer Investition erhielten. Die Investitionen der Klienten der Sogevalor waren indirekt über die Fondsgesellschaften Tissera und Global erfolgt, so dass sich im Rahmen und als Folge dieser Vereinbarung der Wert der Investitionen des Fonds reduziert hatte, nämlich auf die 62 Prozent.

Das «Settlement» nach amerikanischem Recht, vergleichbar mit einem aussergerichtlichen Nachlass im schweizerischen Recht, wurde unter der Leitung der renommierten Anwaltsfirma Andrews & Kurth, Austin, Texas, durchgeführt. Bei Andrews & Kurth handelt es sich um eine der grossen, berühmten und anerkannten Anwaltsfirmen der USA mit Büros in den grösseren Städten der USA wie Houston, Dallas, New York, Washington D.C. sowie in Übersee, namentlich in Bejing, London und Dubai. James Baker[3] war Partner, bevor er der Bush-Regierung beitrat. Über die ganze Angelegenheit wurde auch ein Gutachten von Cummings & Houston, Certified Public Accountants and Consultants in Houston erstellt, das die rechnerische Seite prüfte und der Sogevalor ebenfalls die Annahme des Settlements empfahl.[4]

Im Rahmen dieses Settlements war naturgemäss auch Abbas' Verantwortlichkeit thematisiert, und er war gezwungen, bestimmte Vermögenswerte in die Fonds zu übertragen, wozu er schliesslich im Rahmen der geschilderten Vereinbarung widerwillig bereit war.
Die Gläubiger erhielten eine Dividende von 62 Prozent. Dem Nachlass hatten im Laufe der Zeit weit über 90 Prozent der Gläubiger zugestimmt (vgl. Seite 34).

3 James Addison Baker III war von 1989 bis 1992 Aussenminister der Vereinigten Staaten unter Präsident George Bush.
4 Settlement Agreement vom 17. Juni 1998.

2.2 Aufbruch zu neuen Ufern

2.2.1 Die Verstärkung des Aktionariats, des Verwaltungsrats und der Geschäftsleitung 1998/99

Nach Diego Abbas' Ausscheiden herrschte Aufbruchstimmung. Die Gesellschaft sollte verstärkt werden mit der Aufnahme weiterer Aktionäre, dem Ausbau der Organisation und durch mögliche Akquisitionen und Zusammenschlüsse bzw. Kooperationen mit anderen Gesellschaften. Auf dieses Ziel wurde intensiv hingearbeitet und die notwendigen Schritte in die Wege geleitet. In diesem Zusammenhang war auch geplant, die Effektenhändlerlizenz bei der Eidgenössischen Bankenkommission zu beantragen. Bei dieser Lizenz handelt es sich um die Bewilligung, gewisse Bankgeschäfte tätigen zu können. Mit andern Worten: Die Sogevalor sollte zu einer kleinen Bank werden mit gewissen eingeschränkten Befugnissen.

Die Bewilligung ist an strenge Anforderungen und Kontrollen geknüpft. Das Bewilligungsverfahren wurde im Fall der Sogevalor durch die von der Eidgenössischen Bankenkommission (EBK, heute Finanzmarktaufsicht, Finma) beaufsichtigte und genehmigte sog. bankengesetzliche Kontrollstelle Ernst & Young (E&Y) durchgeführt, zusammen mit dem Advokaturbüro VELO mit Büros in Lugano und Genf (vgl. dazu: *Der Erhalt der Effektenhändlerlizenz, Seite 40 ff.*).

2.2.2 Die Restrukturierungsmassnahmen im Einzelnen

Ende 1998 trat als neuer Partner und gleichberechtigter Aktionär Dr. Mario Pierotti, ein alter Bekannter von Oechslin und Matteuzzi, in die Gesellschaft ein; er wurde Generaldirektor und CEO der Sogevalor. Ebenso trat der Luganeser Anwalt Dr. Giorgio Bernardoni in die Gesellschaft ein.

In einer ausserordentlichen Generalversammlung der Gesellschaft vom 10. Dezember 1998 wurde das Aktienkapital auf 2 000 000 Franken erhöht: Die Aktionäre Rodolfo Oechslin, Pierpaolo Matteuzzi und Mario Pierotti hatten je einen Anteil von 600 000 Franken (d.h. je 30 % der Aktien), Rechtsanwalt Bernardoni und ich je einen solchen von 100 000

(je 5 % der Aktien). In derselben Periode wurden Verwaltungsrat und Geschäftsleitung erweitert und verstärkt, neue Mitglieder des Verwaltungsrats wurden Dr. Giorgio Bernardoni und Pier Lodovico Pierotti, der Vater von CEO Dr. Mario Pierotti. In der konstituierenden Sitzung vom 21. Januar 1999[5], an der Otto Carl Meier, Pierpaolo Matteuzzi, Rodolfo Oechslin, Pier Lodovico Pierotti und Giorgio Bernardoni teilnahmen, wurde Giorgio Bernardoni zum Vizepräsidenten bestimmt. Dr. Mario Pierotti wurde zum Direktor und CEO, die Herren Aldo Matteuzzi und Gianfranco Matteuzzi wurden zu Co-Direktoren ernannt. Mit der operativen Leitung wurde, wie gesagt, Dr. Mario Pierotti betraut.
Demnach setzte sich der Verwaltungsrat neu aus folgenden Personen zusammen:

Dr. Otto Carl Meier, Präsident, Rechtsanwalt, Zürich.

Dr. Giorgio Bernardoni, Vizepräsident, Rechtsanwalt in Lugano und Verwaltungsrat bei der Banca del Sempione. Eintritt in die Sogevalor am 28.1.1999.

Pier Lodovico Pierotti, Bankier, ehemaliger Präsident der Finanzgesellschaft Fiat in der Schweiz. Eintritt am 28.1.1999, Austritt am 7.5.2001).

Pierpaolo Matteuzzi, Bankier, ehemals bei Privat Kredit Bank, Lugano und bei Banca Privata SA, Lugano.

Rodolfo Oechslin, eidg. dipl. Buchhalter, Lugano. Inhaber des Treuhandpatentes des Kantons Tessin.

Über den Eintritt **Giorgio Bernardonis** als lokaler, in Lugano verwurzelter Anwalt und Verwaltungsrat bei einer bekannten Tessiner Bank war ich hocherfreut, hatten wir doch dadurch ein Mitglied im Verwaltungsrat, das «sur place» und mit den Sitten und Gebräuchen des Tessins vertraut war. In Bernardoni hatte ich volles Vertrauen und schätzte ihn sehr, insbesondere wegen seiner Genauigkeit, ja Pingeligkeit, obwohl unsere Beziehung immer distanziert blieb. Das unter Anwälten übliche Du hatten wir uns nie angetragen.

---

5 Protokoll der VR-Sitzung vom 21. Januar 1999.

Umso enttäuschter war ich später, Anfang 2004, über sein Verhalten, als er unter anderem meine Löschung als Verwaltungsratspräsident im Handelsregister zu verhindern versuchte. Bernardoni hatte einen sehr guten Kontakt zu Pierpaolo Matteuzzi, mit dem er befreundet war; sie sahen sich auch in der Freizeit im Engadin. Was ich damals nicht wusste, sondern erst Jahre später nach dem Zusammenbruch der Sogevalor im Strafverfahren erfuhr: dass Giorgio Bernardoni Pierpaolo Matteuzzi bereits seit 1990 kannte und durch ihn 1992/93 eine Finanzierung des von ihm initiierten Bauprojektes Chantarella im Engadin erhalten hatte; eine Operation, die im Konkurs endete und bei der, wie ich ebenfalls während des Strafverfahrens erfuhr, Klienten der Sogevalor zu Verlust gekommen waren. Davon hatte ich keine Ahnung, als Giorgo Bernardoni 1999 in den Verwaltungsrat gewählt wurde.[6]

Ebenso erfreut war ich über den Eintritt von **Pier Lodovico Pierotti**, den ich als distinguierten Herrn in Erinnerung habe. Für mich war er der typische Banker alter Schule. Er war Finanzfachmann und hatte früher bei der Banca Nationale di Lavoro (BNL) gearbeitet. Dort war er verantwortlich für die Gruppe IFI (International Factor Italia). Wie der Name sagt, befasste sich die Gruppe mit der Factoring-Finanzierung. 1990 verliess er die BNL und wurde Delegierter des Verwaltungsrats (heute CEO) der Gemina Servizi Finanziari, der Finanzholding der Agnelli-Gruppe. Von der Agnelli-Gruppe spricht man, wenn man das von dieser Familie kontrollierte Industrieimperium meint. Die Familie war unter anderem Mitbegründerin des FIAT-Konzerns.[7] In seiner Funktion nahm er auch Einsitz in verschiedene Verwaltungsräte der von Gemina gehaltenen oder finanzierten Gesellschaften der Gruppe.[8]

Pierpaolo Matteuzzi und Rodolfo Oechslin waren geschäftsführende Verwaltungsräte (ebenso wie der später eintretende Fausto Arnaboldi

---

6 Vgl. Urteil Corte *delle Assise Criminali*, S. 71, Einvernahmeprotokoll G. Bernardoni vom 1.9.2004, S. 3).

7 https://de.wikipedia.org/wiki/Giovanni_Agnelli.

8 Vgl. Einvernahmeprotokoll Pier Lodovico Pierotti vom 13. Januar 2012, S. 2; LaRepubblica.it 18. Oktober 1984.

(vgl. Seite 26), und mindestens de facto war auch Giorgio Bernardoni stark involviert, schon nur deshalb, weil er als Luganeser Anwalt näher bei der Gesellschaft und schnell verfügbar war. Tatsächlich wünschte ich bei der Umstrukturierung, dass er das Präsidium übernehmen sollte, was er aber damals ausschlug. Über den Kontakt des Vizepräsidenten zur Sogevalor sagte eine Mitarbeiterin: *«Pierpaolo (Matteuzzi) und Rechtsanwalt Bernardoni waren immer in Kontakt. Sie telefonierten täglich oder jedenfalls fast täglich miteinander, auch wenn einer von ihnen in den Ferien war.»* [9]
Auch hatte Bernardoni eigene Klienten, welche er im Rahmen der Sogevalor als Vermögensverwalter betreute und die später im Rahmen des Strafverfahrens massive Vorwürfe gegen ihn erhoben.[10]

Die ENFIN (equipe finanziaria) ist ein Team innerhalb der Staatsanwaltschaft, welches die finanzielle Seite von Finanztransaktionen, die Gegenstand einer Untersuchung durch die Staatsanwaltschaft sind, überprüft und begutachtet. In ihrem Rapport zeigt sie auf, dass Giorgio Bernardoni bei vielen umstrittenen Transaktionen dabei war, ja, sie sogar selbst durchführte.
Er wurde für einen Teil davon auch rechtskräftig verurteilt.

Die Geschäftsleitung

Anfang 1999 setzte sich die Geschäftsleitung zusammen aus:
Dr. Mario Pierotti. Er war Generaldirektor vom 4.2.1999 bis 25.4.2002 und nicht nur – wie er selbst in der Einvernahme gesagt hatte – bis Ende 1999.[11] Nach seinem Austritt im April 2002 blieb er faktisch bei der Sogevalor als Konsulent, und 2003 kam er wieder zur Sogevalor zurück.[12] Gemäss Urteil der Deloitte & Touche in der von ihr nach dem Zusammenbruch der Sogevalor gemachten Untersuchung lagen sei-

9 Vgl. Einvernahmeprotokoll A.B. vom 10. August 2004, S.15.
10 Vgl. dazu Urteil der *Corte delle Assise Criminali* vom 14.12.2012, Seite 71, Rapport der *Equipe finanziaria* vom 4. April 2012, Seite 24.
11 Einvernahmeprotokoll Mario Pierotti vom 26. August 2004, Seite 2.
12 Siehe Seite 53 und Zeugenaussage M.d.A. vom 16. August 2004, S. 5.

ne Aktivität und Rolle «im Dunkeln».[13] Er hatte früher bei der Bank Lombard Odier gearbeitet, für deren Büro in Lugano er als Verantwortlicher unterzeichnete; und er ist heute noch als Banker tätig: seit 2009 bei der Banca Mediolanum in Mailand.[14] Er hatte an der Università degli Studi di Milano studiert.
Mario Pierotti besass ausserdem ein Diplom der Association of International Bonddealers. Während der nachstehend geschilderten Intervention der Polizei am 4. Oktober 1999 nach der vom Klienten Nr. 775 initiierten Strafanzeige war er der CEO bzw. Generaldirektor; er hat die Reorganisation der Sogevalor sowohl strategisch als auch im täglichen Geschäft geleitet, er war massgeblich an der Ausarbeitung der Eingabe an die Bankenkommission beteiligt, in Zusammenarbeit mit dem Anwaltsbüro VELO[15], Ernst & Young und Rechtsanwalt Giorgio Bernardoni. Ausserdem war Mario Pierotti einer der Hauptaktionäre.

Gianfranco Matteuzzi war zuständig für Administration und Buchhaltung, er war klarerweise Mario Pierotti unterstellt. Aus meiner Sicht war er genau und effizient, aber – wie sich später im Strafverfahren herausstellte – von seinem Bruder Pierpaolo instrumentalisiert worden, um unlautere Tätigkeiten mindestens zu vertuschen.

Aldo Matteuzzi, eine eher farblose Gestalt und ein treuer Diener seines Bruders Pierpaolo, ohne eigene Analysefähigkeit und Meinung. Er war im Bereich Akquisition tätig.
Die erste Phase der Reorganisation war im Januar 2000 abgeschlossen (eine weitere erfolgte 2000/01, siehe Seite 47 ff.).

Neben der eigentlichen Geschäftsleitung (oder Direktion) waren auch Komitees für Teilbereiche geschaffen worden. Ein wichtiges Gremium war das der Direktion unterstellte Investitionskomitee, das sich anfänglich aus den Herren Mario Pierotti, Pierpaolo Matteuzzi, Aldo Mat-

---

13 Vorabbericht Deloitte & Touche vom 8. August 2004, S. 5.
14 http://www.mediolanumprivatebanker.it/private-banker
15 http://www.VELOassociati.ch

teuzzi und Paolo Tenti als Vertreter der Tenti Financial Management AG zusammensetzte, später kamen Fausto Arnaboldi, Lorenzo Arnaboldi und noch weitere Personen hinzu.

Aktionariat der Sogevalor

Pierpaolo Matteuzzi 30%	Dr. Mario Pierotti 30%	Rodolfo Oechslin 30%	Otto Carl Meier 5%	Giorgio Bernardoni 5%

2.2.3 Die Verwaltungsratssitzungen im ersten Halbjahr 1999

Im ersten Halbjahr 1999 befasste sich der Verwaltungsrat in den Sitzungen vom 22. März und 10. Mai vorwiegend mit der oben dargestellten Neuorganisation und verabschiedete das entsprechende Organisationsreglement.

Die Sitzungen fanden in der neuen Zusammensetzung statt, d.h. mit den neuen Mitgliedern des Verwaltungsrats, dem Finanzfachmann Pier Lodovico Pierotti und dem Luganeser Rechtsanwalt und Verwaltungsrat der Banca del Sempione, Dr. Giorgio Bernardoni.
Der neue Generaldirektor Dr. Mario Pierotti nahm mit beratender Stimme und als Protokollführer teil. Er hatte die Sitzungen zum grössten Teil vorbereitet und war für die Umsetzung der Beschlüsse verantwortlich.

Organigramm 1999 der operativen Organisation der Sogevalor AG

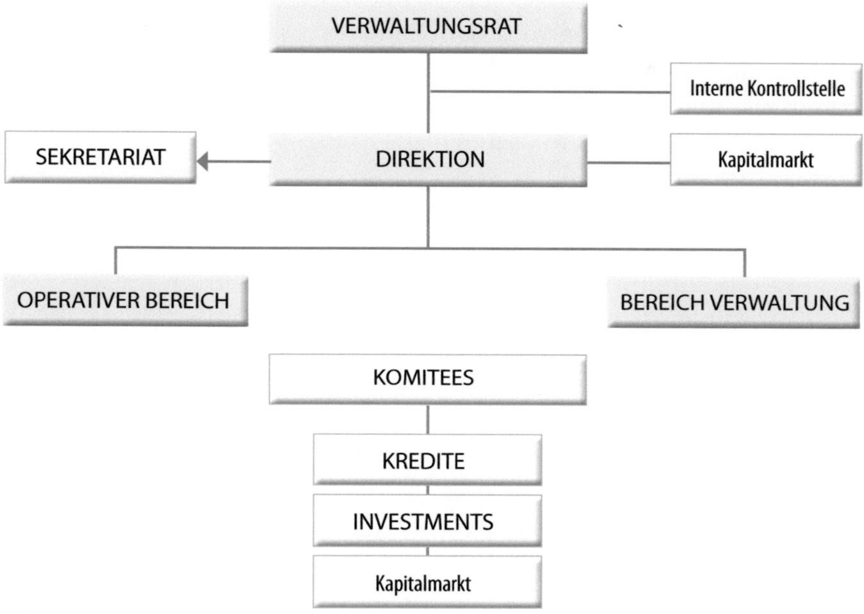

VERWALTUNGSRAT

Präsident	Avv. Dr. Otto Carl Meier
Vizepräsident	Avv. Dr. Giorgio Bernardoni
Mitglieder	Herr Rodolfo Jacques Oechslin
	Herr Pierpaolo Matteuzzi
	Herr Pier Lodovico Pierotti

DIREKTION

Direktor	Dr. Mario Pierotti
Co-Direktor	Herr Gianfranco Matteuzzi
Co-Direktor	Herr Aldo Matteuzzi

KOMITEE KREDITE	KOMITEE INVESTMENTS	KOMITEE KAPITALMARKT
Rodolfo Jacques Oechslin	Pierpaolo Matteuzzi	Pierpaolo Matteuzzi
Pier Lodovico Pierotti	Dr. Mario Pierotti	Dr. Mario Pierotti
Gianfranco Matteuzzi	Aldo Matteuzzi	Aldo Matteuzzi
	Paolo Tenti	

INSPEKTORAT
Herr Paolo Francopagni, Lugano*

REVISIONSFIRMA
Ernst & Young S.A., Lugano

* Name geändert

2.2.4 Übertragung der Geschäftsleitung vom Verwaltungsrat auf den Direktor

Der Verwaltungsrat übertrug dem Direktor die Führung der operativen Tätigkeit der Gesellschaft, nämlich die üblichen Geschäftsführungspflichten, die in einem internen Reglement vom 21. Januar 1999 aufgeführt waren. Sie umfassten insbesondere auch:.

1. Unmittelbar oder durch interne Mitarbeiter oder auch durch nach Bedarf beauftragte, externe Mitarbeiter die geschäftlichen Tätigkeiten voranbringen, die geschäftlichen Initiativen fördern und koordinieren mit dem Ziel, sowohl weitere Klientschaft zu akquirieren, als auch die vorhandene Klientschaft zu pflegen und zu optimieren, alles im Rahmen der vorgegebenen Usanzen und Richtlinien.

2. Die der Gesellschaft von den Klienten anvertrauten beweglichen Vermögenswerte umsichtig verwalten, die Konzepte und die Praxis der Vermögensverwaltung anwenden und koordinieren unter Berücksichtigung der Risikoprofile, nach denen die Vermögen verwaltet werden.

3. Die Entwicklung, Koordination und Führung der Geschäftstätigkeit im Bereich des Wertpapier-Handels, indem er die Profile der Unternehmungen korrekt einschätzt und anwendet und unter Einhaltung der gesetzlichen Bestimmungen über den Handel mit Wertpapieren.

Nachdem die neue Organisation in verschiedenen Sitzungen[16] des Verwaltungsrats diskutiert und schliesslich implementiert worden war und in dieser Weise operierte, kamen die Gesellschaft bzw. deren Hauptaktionäre unerwartet unter Druck.

16 Sitzungen des VR vom 22. März und 10. Mai 1999, vgl. entsprechende Protokolle.

2.2.5 Diego Abbas' Rache

Die nächste Verwaltungsratssitzung war auf den 4. Oktober 1999 festgesetzt. Es war ein dunkler, unfreundlicher kalter Morgen, als ich in Zürich in der Frühe wegfuhr, um durch den Gotthard nach Lugano zu gelangen. Wie so oft hatte ich auch diesmal die Verwaltungsratssitzung mit einem nachträglichen Besuch in Mailand kombiniert, wo ich mich in der Regel mit italienischen Klienten in der Handelskammer an der Piazza Cavour zur Besprechung traf. Ich war der einzige Verwaltungsrat, der nicht in der Gegend zwischen Lugano und Mailand zu Hause war. Auch die Mitglieder der Direktion waren aus dieser Gegend. Meinerseits versuchte ich so, meine Reisen effizient zu gestalten, ich hatte nun seit über zwanzig Jahren mein Anwaltsbüro in Zürich konsolidiert, und zusätzlich hatte ich eine Treuhandgesellschaft in Zürich gegründet und war in anderen Unternehmungen stark involviert. Es regnete, als ich den Gotthard hinauffuhr. Nach Durchqueren des Gotthardtunnels hellte es auf, allerdings die einzige Aufhellung an diesem Vormittag.
Als ich die Büros an der Via Nassa im Stadtzentrum von Lugano betreten wollte, wurde ich von Mitarbeitern abgefangen; alle waren in heller Aufregung. Was war geschehen?
Die Polizei hatte Pierpaolo Matteuzzi und Rodolfo Oechslin in der Morgenfrühe abgeholt und zur Einvernahme auf den Posten gebracht, gleichzeitig durchsuchte sie die Büros der Sogevalor und versiegelte einen Teil der Akten.
Was war der Hintergrund?

Nach Diego Abbas' Ausscheiden 1998 und dem «Settlement» (siehe Seite 19) wurden Pierpaolo Matteuzzi, Rodolfo Oechslin und Dr. Mario Pierotti Mehrheitsaktionäre. Im Rahmen der Übergabe von Diego Abbas zu Pierpaolo Matteuzzi war es wie geschildert (Seite 19 ff.) zu Unstimmigkeiten gekommen, die im finanziellen und auch persönlichen Bereich lagen. Zum einen hatte Pierpaolo Matteuzzi Diego Abbas vorgeworfen, schlechte Investitionen getätigt zu haben, was zutraf und dazu führte, dass ein Nachlassverfahren, eben das geschilderte «Settlement» durchgeführt werden musste. Zum anderen hatten die Un-

stimmigkeiten im persönlichen Bereich gelegen: Diego Abbas hatte Pierpaolo Matteuzzi als seinen Ziehsohn betrachtet, er war zu religiösen Feiern und Familienfesten eingeladen worden, und die beiden hatten einen regen freundschaftlichen Verkehr gepflegt. Pierpaolo Matteuzzi kannte die Familie gut. Bei der Auflösung dieser engen Bindung kam es, wie oft in solchen Konstellationen, zu gegenseitigen emotionalen Vorwürfen.
Im Rahmen dieser Auseinandersetzung hatte ein mit Diego Abbas befreundeter und von ihm instrumentalisierter Gläubiger des «Settlement» seine Unzufriedenheit bekundet (der sog. Titolare 775, d.h. Kunde Nr. 775) und eine Forderung von 64 600 US-Dollar geltend gemacht, für die er Strafanzeige einleitete, was zur geschilderten Polizeiintervention am 4. Oktober 1999 führte. Der vom Kunden geforderte Betrag war relativ bescheiden, aber bestritten. Gemäss den damaligen Schilderungen Pierpaolo Matteuzzis und Rodolfo Oechslins diente er Abbas als Mittel, die Sogevalor und die damaligen beiden entscheidenden Aktionäre zu «bestrafen» und in die Knie zu zwingen. Gegen Rodolfo Oechslin und Pierpaolo Matteuzzi wurde in der Folge eine Strafuntersuchung eingeleitet.
An eine Durchführung der Verwaltungsratssitzung war an diesem Morgen natürlich nicht zu denken, und ich versuchte mir ein Bild zu machen, was in dieser Phase schwierig war. Anschliessend fuhr ich gegen Mittag weiter nach Mailand. Ich hatte einen neuen Termin für die Verwaltungsratssitzung festgelegt, nämlich den 13. Oktober.

Die Intervention kam zu einem Zeitpunkt, als sich die Gesellschaft die oben geschilderte neue Struktur gegeben hatte, welche auf dem internen Reglement der Gesellschaft vom 21. Januar 1999 beruhte. Zudem waren Geschäftsleitung, Verwaltungsrat und Aktionäre mit Fragen der neuen Struktur und der Erteilung einer Lizenz als Effektenhändler befasst. Diese Polizeiintervention gab mir und auch den übrigen Mitgliedern des Verwaltungsrats und der Direktion zu denken. Sie wurde selbstverständlich Gegenstand der nächsten Verwaltungsratssitzung. Allerdings: Gemäss einem späteren Gespräch von Mitte Dezember 1999, das zusammen mit Giorgio Bernardoni, dem Vizepräsidenten des Ver-

waltungsrats, und dem zuständigen die Untersuchung führenden Staatsanwalt Meli (später Präsident des erstinstanzlichen Strafgerichts *Tribunale delle Assise Criminali*) stattfand, war «nicht viel Fleisch am Knochen» dieser Strafanzeige des Kunden 775. Dies äusserte der damalige Staatsanwalt Meli ausdrücklich auf Deutsch gegenüber mir als Verwaltungsratspräsident und dem Vizepräsidenten Giorgio Bernardoni. Das von Kunde 775 veranlasste Strafverfahren wurde später eingestellt. Die von Pierpaolo und Rodolfo vertretene Ansicht, es handle sich um einen Racheakt von Diego Abbas, war plausibel und mir gegenüber praktisch von der Staatsanwaltschaft bestätigt.
Fünf Jahre später, nach dem Zusammenbruch der Sogevalor im August 2004 (siehe «2.10 Der Zusammenbruch der Sogevalor» auf Seite 64) wurde von der Staatsanwaltschaft mir gegenüber behauptet, aufgrund dieser ersten Strafuntersuchung gegen Pierpaolo und Rodolfo hätte ich wissen müssen, dass die beiden kriminell seien und dass ich entsprechende Massnahmen hätte ergreifen müssen.
Wie präsentierte sich die Situation damals, und was hat der Verwaltungsrat unter meiner Führung vorgekehrt, was taten die Direktion und die Kontrollorgane, die interne Revisionsstelle (Inspektorat) und die externe, besonders qualifizierte bankengesetzliche Revisionsstelle, die bekannte Revisionsgesellschaft Ernst & Young? Diesen Fragen wird im Folgenden nachgegangen.

2.2.6 Die Verwaltungsratssitzungen vom Oktober und November 1999 und der Rapport Francopagni

In der im August 2004 erfolgten Strafuntersuchung, die acht Jahre später zur Anklage führte, vertrat die Staatsanwaltschaft die Ansicht, dass das strafbare Verhalten von Mitgliedern des Verwaltungsrats und der Geschäftsführung an der Sitzung vom 13. Oktober 1999 und vor allem an derjenigen vom 18. November 1999 seinen Anfang nahm. Daher wird auf diese beiden VR-Sitzungen hier im Detail eingegangen. Festzuhalten gilt, dass nicht etwa gegen den ganzen Verwaltungsrat noch gegen die ganze Geschäftsführung Anklage erhoben oder auch nur je ernsthafte Untersuchungen durchgeführt wurden. Sondern es wurden einige willkürlich herausgegriffene Personen, insbesondere der Präsident des Verwaltungsrats, von der Staatsanwaltschaft quasi als Ziele ausgewählt und zum Abschuss freigegeben (vgl. dazu Seite 67 ff.).

Die Sitzung des Verwaltungsrats vom 13. Oktober 1999

Die Verwaltungsratssitzung war ursprünglich auf den 4. Oktober 1999 anberaumt gewesen, musste dann jedoch infolge der Polizeiintervention an jenem Tag verschoben werden. An der nun neu am 13. Oktober 1999 stattfindenden Verwaltungsratssitzung waren ausser Rechtsanwalt Giorgio Bernardoni sämtliche Verwaltungsräte, d.h. neben dem Unterzeichneten als Präsident, die Verwaltungsräte Pierpaolo Matteuzzi, Rodolfo Oechslin und Pier Lodovico Pierotti anwesend. Ausserdem war der Generaldirektor, Dr. Mario Pierotti, an der Sitzung dabei und amtete als Protokollführer.
Als Vorbereitung für die Verwaltungsratssitzung hatte Generaldirektor Mario Pierotti einen Rapport vorbereitet, der als Grundlage diente für gewisse Restrukturierungsmassnahmen der Sogevalor im Hinblick auf das Verfahren zur Erlangung der Lizenz als Effektenhändler durch die Bankenkommission.

Der Rapport Pierotti enthielt:
- die Implementierung der Organisationsstruktur;
- die Festlegung der wöchentlichen Direktionskonferenzen;
- die Verpflichtung und Bereitschaft des Mitgliedes des Verwaltungsrats Pier Lodovico Pierotti, an den Sitzungen des Direktionsausschusses teilzunehmen.

Dieser Rapport bzw. die darin aufgeführten Themen wären ursprünglich die eigentlichen Haupttraktanden der geplanten Verwaltungsratssitzung gewesen, die dann aber durch die Ereignisse eine andere Wendung nahm.
Auf Einladung des Präsidenten nahmen an der Verwaltungsratssitzung auch die Anwälte Postizzi und Giudici teil, die anwaltlichen Vertreter der Herren Matteuzzi (Postizzi) und Oechslin (Giudici).

Der bekannte Tessiner Anwalt Postizzi war immer wieder für die Sogevalor und für die Herren Rodolfo Oechslin und Pierpaolo Matteuzzi tätig gewesen und war auch nach dieser Sitzung für die Gesellschaft und die Aktionäre tätig, was beispielsweise Folgendes zeigt:

- Postizzis Vorschläge und seine Mitwirkung bei der Ausarbeitung des Gesuches an die Bankenkommission zur Erteilung der Lizenz.
- Die verschiedenen Gespräche zwischen Postizzi und Bernardoni anschliessend an die Verwaltungsratssitzung vom 13. Oktober 1999 und vom 16. November 1999, um den Fortgang der Strafuntersuchung gegen Pierpaolo Matteuzzi und Rodolfo Oechslin zu überwachen.
- Vertretung von Sogevalor in zivilrechtlichen Auseinandersetzungen.
- Und schliesslich ist Postizzi auch im Sommer 2004 wieder in Aktion getreten (nachdem ich als Verwaltungsratspräsident bereits ausgeschieden war), nämlich bei der Intervention der Bankenkommission.

Schon aufgrund der Präsenz in diesem Verwaltungsrat wurde klar, dass es sich um ausserordentliche Umstände handelte und dass der Verwaltungsrat das Vorgehen der Polizei und der Strafverfolgungsbehörden keineswegs auf die leichte Schulter nahm, wie die Anklage Jahre später behauptete (siehe Seite 67 ff.).
Wie aus dem von Generaldirektor Pierotti verfassten Protokoll der Sitzung hervorgeht, orientierte Postizzi über die Untersuchung der Staatsanwaltschaft, die mit der Anzeige des «Titolare 775» veranlasst worden war. Im Fokus stand die frühere 1991/92 durchgeführte Sanierung (siehe Seite 18) und die offenbar aufgestellte Behauptung der Existenz einer Parallelbuchhaltung, die den Investoren eine bessere Situation vorspiegele als sie tatsächlich vorhanden sei. Ebenso das sogenannte Settlement aus dem Jahr 1998 und die Investmentfonds Tissera und Global, die von der Dumont Ltd in New York unter der Leitung von Julio Pasini verwaltet wurden, kamen zur Sprache.
Während gemäss Aussagen des Anwalts Postizzi die Sanierungsmassnahmen von 1991/92 als unbedeutend zu qualifizieren seien, sei die Frage der sogenannten «Doppelten Buchhaltung» näher zu betrachten.

Im Rahmen des Nachlassverfahrens (Settlements) waren Klienten infolge des Verschuldens von Diego Abbas, des ursprünglichen Aktionärs, zu Verlusten gekommen, und der Nachlass schloss bekanntlich mit einer Dividende von 62 Prozent zugunsten der Gläubiger ab.
Pierpaolo Matteuzzi und Rodolfo Oechslin erklärten klar, dass die Klienten über die Verluste nicht begeistert gewesen seien. Um Klienten auch für die Zukunft zu binden, würden sie (Pierpaolo Matteuzzi und Rodolfo Oechslin) versuchen, aus persönlichen Investitionen gemachte Erträge, denjenigen Klienten, die weiter bei der Sogevalor blieben, zukommen zu lassen und sie in einen Fonds einzulegen als «à fond perdu»-Leistungen. Die beiden waren die Mehrheitsaktionäre und hatten naturgemäss ein eminentes Interesse am erfolgreichen Weiterbestand der Vermögensverwaltungsgesellschaft Sogevalor. Sie besassen zusammen 60 Prozent der Aktien und zusammen mit dem ebenfalls anwesenden Generaldirektor 90 Prozent!
Dass beim Settlement einzelne Klienten begünstigt worden seien, schlossen sie, Matteuzzi und Oechslin, kategorisch aus.
Postizzi sagte weiter, dass darauf zu achten sei, dass nicht neue Gelder zur Befriedigung alter Klienten verwendet würden – eine Selbstverständlichkeit. Was alle Anwesenden bestätigten.

Pierpaolo Matteuzzi und Rodolfo Oechslin bekräftigten die Zielsetzung:

- die Klienten zufriedenzuhalten und sie weiterhin als Klienten behalten zu können.
- den Wert des Investitionsfonds «Global» zu verstärken, um später auch die Klienten davon profitieren lassen zu können.

Es entspannte sich eine Diskussion über die ganze Angelegenheit, und der Verwaltungsrat beschloss, folgende Abklärungen zu treffen, um sicher zu sein, dass wirklich keine Unregelmässigkeiten oder Fehler unterlaufen waren. Diese Abklärungen sollten zudem die wichtigsten Fragen beantworten:

- Wer hat welche Summen einbezahlt?
- Wo sind diese Summen hingeflossen?
- Zu welchem Zweck wurden sie verwendet?

- Welche wurden zurückbezahlt?
- Wurde ihnen ein Gegenwert zugewiesen, der nicht dem effektiven Wert entsprach?

Diese Aufgabe wurde an den internen Revisor Paolo Francopagni der R.group AG delegiert, der diese Arbeit zusammen mit Rodolfo Oechslin, Pierpaolo Matteuzzi, Gianfranco Matteuzzi (als Chefbuchhalter für die buchhalterischen und administrativen Belange zuständig) und selbstverständlich unter der Aufsicht des Generaldirektors und bedeutenden Aktionärs Dr. Mario Pierotti durchführen sollte. Der Verwaltungsrat und Finanzfachmann Pier Lodovico Pierotti hatte sich bereit erklärt, Paolo Francopagni zu instruieren.[17]

Es wurde bestimmt, dass diese Arbeiten am 14. Oktober 1999 zu beginnen hatten und dass bis an diesem Tag um zehn Uhr alle Klienten-Dossiers sowie sämtliche Belege der Buchhaltung zur Verfügung stehen mussten. Ebenso war die Liste der Klienten zur Verfügung zu halten. Mit anderen Worten, der Verwaltungsrat wollte eine genaue und analytische Prüfung

- durch den internen Revisor der Gesellschaft unter Zuzug des Generaldirektors und des Verwaltungsratsmitglieds mit besonderen Kenntnissen im Finanzbereich, Pier Lodovico Pierotti. Mit diesem Vorgehen und der personellen Besetzung sollte sichergestellt werden, dass eine objektive Analyse gemacht werden konnte. Naturgemäss war die Mitarbeit des Leiters der Buchhaltung und Administration – des Co-Direktors Gianfranco Matteuzzi – und die des Generaldirektors Dr. Mario Pierotti erforderlich, sowie gegebenenfalls diejenige der Herren Rodolfo Oechslin und Pierpaolo Matteuzzi.

Für den Verwaltungsrat und mich als Präsident waren damit die richtigen Massnahmen in die Wege geleitet und die Weichen gestellt worden.

17 Protokoll der Sitzung vom 13.10.1999, S. 2, in der Mitte.

Die Arbeiten und der Rapport Francopagni vom Oktober bis November 1999 oder *Wie der Verwaltungsrat oder zumindest einzelne Mitglieder getäuscht wurden*

Das vom Verwaltungsrat beschlossene Prozedere war klar und detailliert bestimmt. Verwaltungsratsmitglied Pier Lodovico Pierotti (und der CEO Dr. Mario Pierotti) hatten entsprechend den Vorgaben Paolo Francopagni zu instruieren.

Was am 14. Oktober genau geschah, liegt im Dunkeln; sicher erscheint Folgendes:

Nach der Verwaltungsratssitzung vom 13. Oktober 1999 wurde in der Tat Herrn Paolo Francopagni der R.group AG – er war schon damals interner Revisor der Sogevalor – der Auftrag erteilt, die verlangte Rekonstruktion herzustellen. Die Arbeiten wurden am Sitz der Gesellschaft Sogevalor durchgeführt, wo Francopagni die Dokumente zur Verfügung standen. Der zuständige Sachbearbeiter, der ihm dabei behilflich war, war Finanzchef und Chefbuchhalter Gianfranco Matteuzzi.

Zusätzlich standen diese Arbeiten unter Aufsicht des Generaldirektors Mario Pierotti, welcher fest angestellt war, täglich acht Stunden in der Sogevalor verbrachte und damit aus nächster Nähe Paolo Francopagnis Tätigkeit verfolgen konnte und musste. Das Verwaltungsratsmitglied Pier Lodovico Pierotti, ein Finanzfachmann, war gehalten, Francopagni zu instruieren.

Francopagni merkte offenbar rasch, dass Probleme bestanden oder vermutete dies zumindest, und er wusste auch, dass der Verwaltungsrat, insbesondere der Präsident, wenn er erfahren würde, dass tatsächlich Probleme bestanden, dies nicht stillschweigend akzeptieren würde. Statt den Verwaltungsratspräsidenten zu kontaktieren, setzte er sich am 22. Oktober 1999 mit Rodolfo Oechslin und Pierpaolo Matteuzzi zusammen, um einen Rapport zu erstellen, der gemäss seinen Worten keinen Sinn macht.[18] Dafür liess er sich zudem mit einem Bonus fürstlich bezahlen, nämlich mit 16 000 Franken.[19] Dies anstelle des üb-

---

18 Vgl. dazu Einvernahme Francopagni vom 10. August 2004, S. 3.

19 Vgl. Vorabbericht von Deloitte & Touche, S. 10.

lichen Jahreshonorars von zirka 6000 Franken. Zudem liess er sich mit einer «Entlastungserklärung» vonseiten Pierpaolo Matteuzzis und Rodolfo Oechslins, die diese insgeheim namens der Sogevalor abgaben, absichern. Der Tenor dieser «Garantieerklärung» ist dermassen absurd und unüblich, dass sie keinen andern Sinn ergibt, als Francopagni, der bewusst die übrigen Mitglieder des Verwaltungsrats – jedenfalls den Präsidenten – hinterging, schadlos zu halten. Insbesondere folgende Passagen der Entlastungserklärung zeigen dies:
Die R.group SA ist entbunden von jeder Verantwortung und Haftung, die mit diesem Mandat verbunden ist, da es ihre Aufgabe ist, untergeordnet ausschliesslich aufgrund der Angaben, Informationen und Dokumentationen, die ihr übergeben werden, dieses auszuführen.

Die Sogevalor SA verpflichtete sich in der von Rodolfo Oechslin und Pierpaolo Matteuzzi verfassten Erklärung, die R.group AG schadlos zu halten für eventuelle Bussen (Penalità) oder Entschädigungen, welche von Zivil- oder Strafprozessen auf sie zukommen würden im Zusammenhang mit dem hier ausgeführten Mandat.
Mitgewirkt hat natürlich auch Gianfranco Matteuzzi, der gemäss seinen eigenen Aussagen die Problematik kannte.[20] Der Generaldirektor Mario Pierotti wirkte mit oder kam zumindest seiner Aufsichtspflicht als oberster operativer Chef (Generaldirektor) nicht nach. Er war an der Sitzung über die Beschlussfassung, den Rapport Francopagni erstellen zu lassen, mitbeteiligt und hat sogar das Sitzungsprotokoll geführt.[21] Nach Abschluss dieses Rapportes besprach sich Francopagni mit Gianfranco Matteuzzi und übergab ihm diesen, welcher seinerseits den Rapport an Giorgio Bernardoni übergab, der ihn mit Rechtsanwalt Postizzi analysierte und besprach. Giorgio Bernardoni referierte in der nächsten Verwaltungsratssitzung vom 18. November 1999 über diesen Rapport und sagte, alles sei korrekt abgelaufen.[22]

20 Protokoll Einvernahme Gianfranco Matteuzzi vom 26. August 2004, S. 2 ff.
21 Vgl. Protokoll VR-Sitzung vom 13. Oktober 1999.
22 Vgl. Einvernahmeprotokoll G. Bernardoni vom 17.8.2004, S. 5; Einvernahmeprotokoll Mario Pierotti vom 26.8.2004, S. 6 Mitte und zweituntérster Absatz; VR-Protokoll der Sitzung vom 18.11.1999.

Die Verwaltungsratssitzung vom 18. November 1999
Francopagnis Rekonstruktionen wurden an dieser Verwaltungsratssitzung vom Vizepräsidenten, Rechtsanwalt Bernardoni, präsentiert, der sie mit den Anwälten Postizzi und Giudici vorgängig diskutiert und geprüft hatte.[23] Wörtlich heisst es: *Dr. Bernardoni fährt mit seiner Analyse weiter und erläutert, dass ausgehend von den Anwälten Postizzi und Giudici – die beide keine grossen Probleme erkannten bezüglich des Strafverfahrens gegen Pierpaolo Matteuzzi und Rodolfo Oechslin –, die gründlich geprüften Erhebungen (auch) in Anbetracht der Entwicklung der Investitionen in den letzten vier Jahren kein Grund zur Besorgnis wären.*
Von Bernardonis Darlegungen war der Verwaltungsrat überzeugt.[24] Ausserdem hat der Verwaltungsrat von einer Bestätigung der Dumont Investment New York Kenntnis genommen. Der Wert des Global Street Fund belief sich auf 7 838 985 US-Dollar per 15. November 1999, zusammengesetzt aus 1 500 000 cash, 3 180 000 Bonds und 3 285 985 US-Dollar in börsenkotierten Aktien.
Was das «Settlement» betrifft, so hatte es Bernardoni übernommen, jeweils an den VR-Sitzungen den Stand der Zustimmungen der betroffenen Gläubiger bekannt zu geben. Die Zustimmung lag bereits jetzt bei über 90 Prozent.[25]
Die nächste Sitzung des Verwaltungsrats wurde auf den 23.12.1999 festgesetzt; vorgängig trafen sich Präsident und Vizepräsident mit dem für das Verfahren gegen Matteuzzi und Oechslin zuständigen Staatsanwalt Meli.

2.2.7 Jahresende: Die Sitzung des Verwaltungsrats vom 23.12.1999

Kurz vor Weihnachten hielt der Verwaltungsrat eine weitere Sitzung ab, an der er vollständig versammelt war. Generaldirektor Dr. Mario Pierotti war ebenfalls anwesend und führte das Protokoll. Für Ab-

23 Einvernahme Bernardoni, 24.8.2004, S. 5; Protokoll der VR-Sitzung vom 18.11.1999, S. 2.
24 Vgl. Protokoll Einvernahme Pierotti vom 25.8.2004, S. 5.
25 Vgl. dazu auch Einvernahme M. Ortelli vom 25.8.2004, S. 7, betreffend die entsprechenden Meldungen, die an die EBK (heute Finma) zu erfolgen hatten.

schluss- und Budgetfragen wurde auch Co-Direktor Gianfranco Matteuzzi in die Sitzung gerufen.

In dieser Sitzung behandelte der Verwaltungsrat das Verfahren vor der Bankenkommission zur Erlangung der Effektenhändlerlizenz. Vorgängig der Verwaltungsratssitzung hatte überdies ein Treffen mit der EBK stattgefunden, an welchem der Präsident, Vizepräsident und der Revisor Ortelli teilgenommen hatten. Es war positiv verlaufen, gewisse Dokumente mussten noch per Ende Januar eingereicht werden. Anlässlich dieses Besuches hatte der Präsident ausdrücklich auf das Strafverfahren gegen Pierpaolo Matteuzzi und Rodolfo Oechslin hingewiesen und die EBK eingeladen und autorisiert, direkt mit dem zuständigen Staatsanwalt Meli in Verbindung zu treten.

Ferner wurden Änderungen im Organigramm, Budgetfragen, der Businessplan 2000 und auch die Frage des Strafverfahrens gegen Rodolfo Oechslin und Pierpaolo Matteuzzi besprochen.

Präsident und Vizepräsident waren zusammen beim zuständigen Staatsanwalt Meli gewesen und berichteten darüber. Der Staatsanwalt hatte sich äusserst befriedigt gezeigt über die Tatsache, dass eine Delegation des Verwaltungsrats bei ihm erschienen war. Er bemerkte, dass die Strafanzeige des Titolare 775 *«nicht viel Fleisch am Knochen habe»* und dass wohl keine strafbare Handlung vorliege. Er sagte den zitierten Ausspruch auf Deutsch, so dass ich mich sehr gut daran erinnere. Er schien noch gewisse Zweifel zu haben, dass Pierpaolo Matteuzzi bei der Sanierung 1993 wirklich sein eigenes Geld benutzt hatte. Dass Pierpaolo Matteuzzi für die Sanierung zumindest Teilbeträge vom Industriellen B (Name dem Verfasser bekannt) eingesetzt hatte, hatte dieser schon früher mit einem schriftlichen Vertrag nachgewiesen. Pierpaolo Matteuzzi hatte in dieser Sitzung nochmals bekräftigt (und mit den Fäusten auf den Tisch geschlagen), dass er sich im «Risanamento 1991/92» nichts hatte zuschulden kommen lassen und mit eigenen bzw. von ihm privat bei Freunden geliehenen Kapitalien den Kapitalbetrag für die Sanierung aufgebracht hätte, was Anfang 2000 auch in einem Rapport der Revisionsstelle Ernst & Young bestätigt wurde (siehe Seite 43 ff.).

Die Jahresrechnung 1999, die besser abschloss als budgetiert, wurde eingehend diskutiert, und Verwaltungsratsmitglied Pier Lodovico Pierotti, der «Banker» unter den Verwaltungsratsmitgliedern, stellte diverse Fragen zum Jahresabschluss, unter anderem zu den transitorischen Aktiven. Es wurde festgehalten, dass Vizepräsident und Rechtsanwalt Bernardoni in stetigem Kontakt mit Rechtsanwalt Postizzi und gegebenenfalls Staatsanwalt Meli das Strafverfahren im Auge behalten und periodisch den Verwaltungsrat orientieren werde.[26]

Damit schien das Jahr 1999 trotz der Turbulenzen um Matteuzzi und Oechslin ein zufriedenstellendes Ende zu nehmen. Am 26. Dezember dieses Jahres fegte der Sturm Lothar, der sich am Weihnachtstag als Orkantief über der Biskaya entwickelt hatte, über die Schweiz: Innert Minuten wurden Bäume umgeworfen, die über hundert Jahre Wachstum benötigt hatten; in der Schweiz forderte der Sturm vierzehn Menschenleben, dreizehn Millionen Kubikmeter Holz lagen am Boden.
An jenem zweiten Weihnachtstag ahnte ich nicht, dass sich ein anderer Sturm anbahnte, der einen grossen Teil meines beruflichen Aufbaus zerstören sollte.

2.3 Der Erhalt der Effektenhändlerlizenz im Sommer 2000

2.3.1 Der Start ins Jahr 2000

Der Verwaltungsrat hatte seit 1998 das Ziel verfolgt, die Effektenhändlerlizenz zu erlangen und durfte sich zwei Jahre später freuen, das ersehnte Ziel erreicht zu haben. Diese Lizenz war wichtig, weil die Sogevalor dadurch ein bankähnliches Institut wurde und sich damit von anderen gewöhnlichen Vermögensverwaltungsgesellschaften abhob. Davon versprach man sich vermehrte Kundenzuflüsse. Gleichzeitig strengte sich der Verwaltungsrat an, die Organisation zu verstärken und weitere Fachleute zur Mitarbeit und als Aktionäre zu gewinnen.

26 Vgl. Verwaltungsratsprotokoll vom 23. Dezember 1999.

Die Verwaltungsratssitzung vom 20. Januar 2000

Einen knappen Monat nach der letzten Sitzung versammelte sich im Januar 2000 der Verwaltungsrat erneut. VR-Mitglied Pier Lodovico Pierotti liess sich entschuldigen; im Übrigen war der Verwaltungsrat vollständig anwesend, ebenso Generaldirektor Dr. Mario Pierotti, der auch das Protokoll führte. Für die Belange Jahresrechnung 1999 und Budget nahm auch der Chef der Buchhaltung, Co-Direktor Gianfranco Matteuzzi, teil.
Diese Verwaltungsratssitzung befasste sich erneut und hauptsächlich mit dem Jahresabschluss 1999, der sich besser präsentierte als budgetiert und besser als das Vorjahresergebnis, resultierte doch ein Gewinn von CHF 350 000 gegenüber CHF 78 000 im Jahr 1998.
Der Vizepräsident, der in engem Kontakt mit Rechtsanwalt Postizzi stand, referierte über den Stand des Strafverfahrens gegen Oechslin und Matteuzzi. Neuerungen seit der Sitzung des Verwaltungsrats vom 23. Dezember des Vorjahres waren nicht zu hören.[27]

2.3.2 Das Verfahren zur Erlangung der Effektenhändlerlizenz

Allgemeines

Verwaltungsrat und Aktionäre wollten die Effektenhändlerlizenz erhalten. Dies kam unter anderem auch mir, meinen Ideen und Vorstellungen, sehr entgegen, da dadurch die Organisationsstruktur notwendigerweise verstärkt werden musste. Und auch die Kontrolle wurde verstärkt, weil die Ernst & Young besonders genau, nach den Vorschriften des Bankengesetzes, die Gesellschaft zu überprüfen hatte; zusätzlich war ein weiteres internes Kontrollorgan notwendig, und schliesslich mussten periodisch Berichte an die Nationalbank eingesandt werden.
Das Verfahren zur Erlangung dieser Lizenz ist ziemlich aufwendig. Damit befasste sich in erster Linie die Geschäftsleitung unter Dr. Mario Pierotti, daneben waren die Anwälte «VELO Associati», welche von Pierotti empfohlen worden waren, massgebend beteiligt sowie die

27 VR-Protokoll vom 20. Januar 2000

spätere bankengesetzliche Revisionsstelle. Federführend war Michele Ortelli, der spätere leitende Revisor, der schon als Revisor – damals noch bei der Neutra AG – die Sanierung 1991/92 begleitet hatte.

Die US-Connection

Da auch nach Diego Abbas' Ausscheiden Klientengelder in den USA investiert wurden, vorwiegend in börsenkotierte Aktien, wollten die Hauptaktionäre in den USA präsent sein. Aus diesem Grunde war schon früher die Dumont Investment Ltd New York ins Leben gerufen worden, und zwar von den Herren Rodolfo Oechslin und Pierpaolo Matteuzzi. Geführt wurde sie seit Jahren von Julio Pasini, einem ehemaligen Mitarbeiter des Schweizerischen Bankvereins, derselben (damaligen) Grossbank, der auch der in diesem Jahr in die Sogevalor als Aktionär und Verwaltungsrat eintretende Fausto Arnaboldi als Generaldirektor des ganzen Tessin diente. Sie kannten sich aus jener Zeit.[28]

Im Rahmen des Verfahrens zum Erhalt der Bankenlizenz tauchte auch die Frage auf, ob die Dumont eine Tochtergesellschaft der Sogevalor sei und die gleichen massgeblichen Aktionäre hatte. In einem ersten Grobentwurf hatte ich noch die Herren Pierpaolo Matteuzzi und Rodolfo Oechslin als Aktionäre angegeben. Sie sagten mir dann bei der weiteren Verfolgung des Projekts, dass sie nicht mehr Aktionäre seien, sondern ihre Aktien übertragen hätten, insbesondere an Pasini. Ich mag mich gut erinnern, dass ich bemerkte, es sei nicht verboten, dass sie diese Aktien hielten, sondern es bestünde lediglich eine Deklarationspflicht. Auf dieser Tatsache ritt die Staatsanwaltschaft später in der Untersuchung unablässig herum (Seite 68).

Wem gehörten die Aktien zu jenem Zeitpunkt tatsächlich? Aufgrund der nun vorliegenden Erkenntnisse und Dokumente aus dem vorliegenden Strafverfahren ergibt sich Folgendes: Die Aktionäre Pierpaolo Matteuzzi und Rodolfo Oechslin hatten die Aktien tatsächlich übertragen, einen Teil auf Pasini, einen anderen Teil auf die Telaya-Famili-

---

28 Vgl. Einvernahmeprotokoll Fausto Arnaboldi vom 17. August 2004, S. 3.

enstiftung, welche offenbar von Rechtsanwalt Bernardoni gegründet worden war, worüber der Verwaltungsrat nicht orientiert wurde. Am 30. Oktober 2000 (d.h. unmittelbar nach der Erteilung der Lizenz) wurden die Aktien der Dumont Investment Inc. von der Telaya-Familienstiftung an Julio Pasini übertragen. Die entsprechende Dokumentation ist von Frau B.F., Rechtsanwältin in Vaduz, namens der Familienstiftung unterzeichnet (Name dem Verfasser bekannt). Somit trifft es zu, dass Oechslin und Matteuzzi zum Zeitpunkt ihrer Aussagen nicht Aktionäre der Dumont Investment Inc. waren. Die Verwaltungsrätin B.F. wurde zu diesem Thema nie einvernommen. Davon und von all diesen Schritten im Einzelnen hatte ich persönlich allerdings zu jenem Zeitpunkt keine Ahnung, sondern erfuhr davon im Lauf des Strafverfahrens. Die Aktien der Sogevalor waren im Übrigen zu jenem Zeitpunkt zu 30 Prozent im Eigentum von Oechslin, zu 30 Prozent im Eigentum von Pierpaolo Matteuzzi, zu weiteren 30 Prozent im Eigentum von Dr. Mario Pierotti und zu je 5 Prozent im Eigentum von Bernardoni und mir.

Der Bericht der Revisionsstelle und die Einschätzung von Rechtsanwalt Postizzi im Februar 2000 im Rahmen des Verfahrens zur Erlangung der Effektenhändlerlizenz

Der Revisionsrapport der Ernst & Young vom 14. Februar 2000

Im Zusammenhang mit der Beantragung der Lizenz als Effektenhändler bei der Bankenkommission wurde unter anderem ein detaillierter Rapport der Ernst & Young zuhanden der Bankenkommission erstellt, der auch kritische Momente der Vergangenheit der Sogevalor AG untersuchte und beleuchtete, so vor allem das «Settlement», die Sanierung und das vom Kunden 775 gegen Pierpaolo Matteuzzi und Rodolfo Oechslin eingeleitete Strafverfahren.
Die Revisionsgesellschaft Ernst & Young äusserte sich sowohl zur Sanierung 1991/92 als auch zum «Settlement»; beides waren, wie wir gesehen haben, auch zentrale Punkte der Strafuntersuchung unter der Leitung von Staatsanwalt Meli.
Hier sagt die Revisionsgesellschaft wörtlich:

Zur Sanierung 1993

«Gemäss unseren Nachforschungen in der uns zur Verfügung gestellten Dokumentation können wir bestätigen, dass die Gelder nicht aus Quellen der Klientenschaft der Sogevalor stammen.»

Betreffend das Settlement von 1998 bestätigt die Ernst & Young:

«Dass eventuell andere Klienten miteinbezogen wurden, erscheint uns äusserst unwahrscheinlich.»

Aber insbesondere heisst es dort in der Schlussfolgerung:

«Wir sind der Ansicht, dass die Aktivität, welche von Rodolfo Oechslin und Pierpaolo Matteuzzi abgewickelt wurde, zu keinen Vorwürfen irgendwelcher Art Anlass bietet, und wir sind der Ansicht, dass sie korrekt gegenüber der Klientschaft der Sogevalor gehandelt haben.»

Und weiter:

«Wir sind der Ansicht, dass diese Personen immer im Interesse ihrer Klienten gehandelt haben, und es ist uns nichts begegnet, das auf Operationen oder Transaktionen strafrechtlicher Relevanz hinweisen würde.
Infolgedessen halten wir dafür, dass keine Zweifel betreffend der tadellosen Aktivität der fraglichen Personen existieren können.»

Klarer als durch diese Aussage, getätigt durch eine bankengesetzlich autorisierte Revisionsgesellschaft, nota bene eine der bekanntesten, kann es nicht gesagt werden. Und da behauptet die Staatsanwältin zwölf Jahre später: «Meier si fida di tutto e di tutti!» – Meier hätte in allem jedem vertraut.

Zu diesem Thema äusserte sich auch der bereits früher erwähnte bekannte Tessiner Rechtsanwalt Postizzi, der festhielt:

«Bereits jetzt sind positive Signale zu verzeichnen, in dem Sinne, dass die Spezialisten (Ernst & Young) und die Personen der Sogevalor wissen, dass nichts Irreguläres gemacht wurde im Rahmen der Sanierung.»

Nach eingehender Prüfung erhielt die Sogevalor im Sommer 2000 die Lizenz als Effektenhändler. Diese Lizenz basierte auf dem Bundesgesetz über die Börsen und den Effektenhandel vom 24. März 1995. (Anmerkung: Früher war diese Tätigkeit kantonal geregelt; das Gesetz von 1995 wurde verschiedene Male und entscheidend revidiert, insbesondere 2015 durch das Finanzmarkt-Infrastrukturgesetz vom 19. Juni 2015.)

Die Lizenz erlaubte der Sogevalor in gewissem Masse, bankähnlich tätig zu sein, indem sie für Kunden gewerbsmässig im eigenen Namen für deren Rechnung mit Effekten handeln konnte, und zwar selber oder auch über Drittbanken.

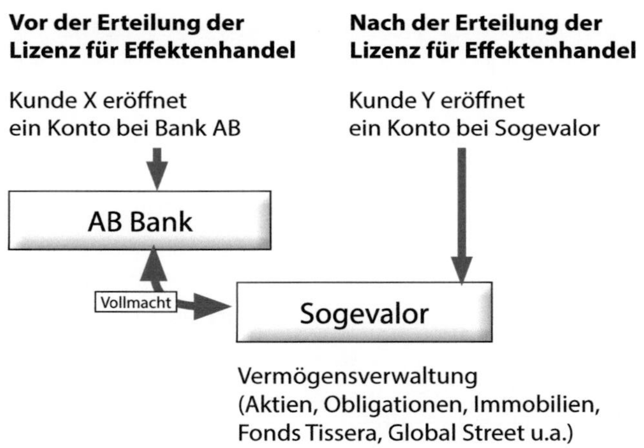

2.4 Die weitere Verstärkung der Organisation und Erweiterung der Kundenbasis in den Jahren 2000/01

Wenige Monate nach der Erteilung der Lizenz durch die EBK, in der Sitzung des Verwaltungsrats vom 18. Oktober 2000, orientierte Pierpaolo Matteuzzi, dass es ihm gelungen sei, die Gruppe Arnaboldi zum Eintritt in die Sogevalor zu gewinnen.[29] Es wurde grundsätzlich be-

29 Protokoll der VR-Sitzung vom 18. Oktober 2000, S. 2, Pt 4.

schlossen, die Familie mit ihrem Portefeuille aufzunehmen, das mit zirka 70 Millionen Schweizer Franken beziffert wurde.
Der Vater, Fausto Arnaboldi, würde zudem ein substanzielles Aktienpaket übernehmen und in den Verwaltungsrat eintreten. Der ältere Sohn Lorenzo würde im Range eines Direktors engagiert, und es war vorgesehen, dass er später – nach einer Einführungsphase – Dr. Mario Pierotti als Generaldirektor ablösen würde, während der jüngere Arnaboldi, Flavio, der Erfahrung aus dem entsprechenden Sektor mitbrachte, als Händler im Bereich Kapitalmarkt angestellt würde.
Der Verwaltungsrat beauftragte Pierpaolo Matteuzzi, Dr. Mario Pierotti und RA Dr. Giorgio Bernardoni, die Details mit der Familie Arnaboldi auszuarbeiten. Was diese dann auch taten.
Schliesslich wurde in dieser Sitzung ein provisorischer Gewinn per 30. September 2000 bekannt gegeben. Vizepräsident Bernardoni wies mit Recht darauf hin, dass dies noch nicht definitiv sei, dass die entsprechenden Zahlen erst per Ende Oktober der Nationalbank eingereicht werden müssten.
Die Herren Dr. Pierotti, Dr. Bernardoni und Pierpaolo Matteuzzi verhandelten mit den Arnaboldis wie beschlossen worden war, und deren Eintritt wurde anschliessend auf den 1. November 2000 festgesetzt. In einem via Telefax gefassten Zirkularbeschluss des Verwaltungsrats wurde das sowie die Modalitäten festgehalten und zwar im Wesentlichen wie folgt:[30]
Fausto Arnaboldi wird neu Mitglied des Verwaltungsrats und daneben auch operativ und beratend im Bereich Private Banking der Sogevalor tätig sein mit einem jährlichen Salär von 170 000 Franken zusätzlich Bonus am Ende des Jahres, mit Beginn am 1. November 2000. Seine künftige operative Tätigkeit war bereits im Zirkulationsbeschluss des Verwaltungsrats vom 18. Oktober 2000 enthalten.[31]
Lorenzo Arnaboldi soll neuer Direktor werden mit einem Jahressalär von 130 000 Franken zusätzlich eines Bonus am Ende des Jahres, mit Beginn am 1. November 2000.

30 Vgl. VR-Beschluss vom 31.10.2000
31 Zirkularbeschluss des VR vom 18.10.2000

Flavio Arnaboldi soll neuer Börsenhändler im Bereich Kapitalmarkt werden mit einem Jahreslohn von 85 150 Franken zusätzlich Bonus am Ende des Jahres, mit Beginn am 1. November 2000. Diese Ernennungen erfolgten unter der Voraussetzung, dass das neue Portefeuille (der Gruppe Arnaboldi) in die Sogevalor SA eingebracht wird. Ferner wurde die Ernennung von Fausto Arnaboldi als Mitglied des Verwaltungsrats naturgemäss von der Zustimmung der Aktionäre der Gesellschaft abhängig gemacht.

2.4.1 Die Arnaboldis

Somit kamen Ende des Jahres 2000 Arnaboldis zur Sogevalor und brachten neues und erweitertes Know-how sowie neue Kunden mit. Sie wurden von Pierpaolo Matteuzzi eingeführt und unter anderem auch über den hängigen Strafprozess orientiert, der auch Gegenstand der VR-Sitzungen vom Oktober und November gewesen war (was Direktor Arnaboldi ausdrücklich bestätigt hat).
Fausto Arnaboldi hatte die Matura im Kanton Schwyz absolviert und anschliessend im Januar 1956 im Bankverein in Chiasso seine Bankkarriere begonnen. Von 1959 bis 1962 arbeitete er in Zürich, Genf und London, immer für den Schweizerischen Bankverein.
Anschliessend kehrte er nach Chiasso zurück, wo er 1963 Handelsbevollmächtigter wurde und dann die Leiter hochstieg, 1965 Prokurist wurde, 1968 Vizedirektor und 1972 Direktor des Sitzes Chiasso. In jener Zeit waren Chiasso und Lugano zwei getrennte Filialen des Schweizerischen Bankvereins. 1986 wurde Fausto Arnaboldi beauftragt, die beiden Filialen zusammenzuschliessen, und schliesslich wurde er Präsident der Direktion des Schweizerischen Bankvereins für das ganze Tessin. Er war damit direkt der Generaldirektion in Basel, insbesondere dem Vizepräsidenten des Verwaltungsrats Toni unterstellt. Beim Eintritt in die Sogevalor war er 65 Jahre alt und kurz zuvor aus dem Bankverein ausgeschieden. Fausto Arnaboldi war somit ein erfahrener Banker, von dessen Eintritt in den Verwaltungsrat der Sogevalor (in diesem Gremium ersetzte er den altershalber zurücktretenden Verwaltungsrat Pier Lodovico Pierotti) ich mir eine erhebliche fachliche Verstärkung

versprach. Ausserdem wurde er Grossaktionär bei der Gesellschaft mit einem Anteil von 400 000 Franken.
Er war ab Anfang 2001 operativer Verwaltungsrat mit Büro in der Sogevalor und einem Jahressalär von 170 000 Franken plus Bonus.
Neben Fausto Arnaboldi trat auch sein Sohn Lorenzo in die Sogevalor ein. Er kam zusammen mit seinem Bruder Flavio. Beide waren bereits Vermögensverwalter und brachten zusammen mit dem Vater ein beträchtliches Portefeuille mit, das die Sogevalor erheblich verstärken sollte.
Allerdings bezogen die Arnaboldis auch stattliche Saläre, gesamthaft rund 385 000 Franken exklusiv Boni, was bei einem Bruttoeinkommen der Arnaboldi-Klienten von 500 000 Franken einen Deckungsbeitrag von etwa 115 000 Franken ausmachte.[32] Die Zusatzkosten in der bestehenden Infrastruktur waren allerdings geringfügig, so dass ich diesen Zusammenschluss als positiv wertete, auch wegen des Eintritts neuer qualifizierter Personen. Ausserdem war dies ja ein Start, und die Idee war, die Kundenbasis zu erweitern.
Anfang Jahr 2001, nämlich am 7. Februar, behandelte der Verwaltungsrat den provisorischen Abschluss des Jahres 2000 und ferner das von Dr. Mario Pierotti vorbereitete Budget 2002.

Der definitive Jahresabschluss 2000, Kapitalmarktaktivitäten, Zusammenarbeit mit Tenti Financial Management, Verstärkung des «Due Diligence»-Prozedere, dies waren die Kernthemen der Sitzung des Verwaltungsrats vom 24. April 2001, an der auch zum ersten Mal Fausto Arnaboldi teilnahm. Im Einzelnen dazu Folgendes:
Der erwirtschaftete Gewinn für das Jahr 2000 belief sich auf CHF 132 624.
Nach eingehender Diskussion beschloss der Verwaltungsrat, die Jahresrechnung der Generalversammlung zur Abnahme zu empfehlen.
An dieser Sitzung orientierten die Herren Pierpaolo Matteuzzi und Dr. Mario Pierotti über das erste Quartal 2001, das mit einem Verlust von CHF 128 000 abschloss. Dr. Pierotti informierte im Besonderen über

---

32 Vgl. Einvernahme Lorenzo Arnaboldi vom 20. August 2004, S. 2, VR-Protokoll der Sitzung per Telefon vom 31.10.2000.

die neue Aktivität im Bereich Kapitalmarkt. In diesem Bereich war von einem Mitarbeiter, Dr. Riccardi, ein Fehler begangen worden, der zu einer Kontroverse mit der Gegenpartei führte, die aber aussergerichtlich mit der Hilfe des Anwaltsbüros VELO (das schon bei der Erlangung der Banklizenz mitgewirkt hatte) gütlich beigelegt werden konnte. Fausto Arnaboldi legte in einer Intervention in dieser VR-Sitzung Wert auf die «Due Diligence»-Abklärungen.

Der Verwaltungsrat beauftragte daraufhin Pierpaolo Matteuzzi und die Direktion (Mario Pierotti und neu Lorenzo Arnaboldi), die entsprechenden Vorschriften auszuarbeiten.

Schliesslich referierte Dr. Pierotti über eine mögliche Fusion mit der Tenti Financial Management oder eine Übernahme derselben. Der Verwaltungsrat beauftragte Dr. Bernardoni mit der Verhandlungsführung mit den Eigentümern dieser Gesellschaft. Bei der Tenti Financial Management handelte es sich um eine Beratungsgesellschaft im Finanzbereich, die insbesondere auch Analysen in diesem Bereich offerierte. Vertreter der Tenti waren jeweils bereits bei den Sitzungen des Investitionskomitees der Sogevalor anwesend.[33]

2.4.2 Die wichtige Sitzung des Verwaltungsrats vom 28. August 2001; Hinweis des Präsidenten auf die ungenügende Ertragslage

In dieser Sitzung weist der Präsident auf die prekäre Ertragslage hin, wurde doch im ersten Semester ein Verlust von CHF 514 000 realisiert. Das sei natürlich insbesondere enttäuschend angesichts des Neueintritts der Arnaboldis. Der Präsident weist darauf hin, dass die Situation alarmierend sei. Er macht insbesondere auf die Tatsache aufmerksam, dass das Risiko bestehe, das Minimum der von der Bankenkommission fixierten Kapitalisierung von CHF 1 500 000 nicht erreichen zu können. Diese minimale Kapitalisierung war wegen der bankengesetzlichen Gesetzgebung notwendig.

Pierpaolo Matteuzzi illustriert eine Reihe positiver Faktoren, die jedoch

33 Tenti Financial Management SA, Lugano.
https://www.broker-verzeichnis.ch/brokers/tenti-financial-management-sa-c3a7f/
Zeugenaussage M.d.A. vom 18. August 2004, S. 6.

noch nicht zum Tragen gekommen seien, so insbesondere auch im Bereich des Kapitalmarktes.
Die Bankexperten im Verwaltungsrat, die Herren Fausto Arnaboldi und Giorgio Bernardoni, zeigten sich befriedigt.
Der Präsident unterstreicht, dass im Laufe dieser Entwicklung auch die Kosten zu reduzieren seien, wie dies in der vorgängigen Sitzung des Verwaltungsrats beschlossen worden sei.
Weiter informiert in dieser Sitzung Vizepräsident Bernardoni über die Diskussionen mit der Tenti Financial Management SA, die positiv verlaufen seien.

Schliesslich erteilt der Präsident dem Verwaltungsratsmitglied Fausto Arnaboldi das Wort, welcher Folgendes festhält:

> *Seit dem 1. Mai 2001 habe er die Direktion präsidiert mit der Aufgabe der Kontrolle und der Koordination. Es seien sehr starke Verbesserungen eingetreten, und die Sitzungen würden praktisch wöchentlich durchgeführt, jeden Dienstag um 09.30 Uhr. Es hätten regelmässig teilgenommen die Herren Pierpaolo Matteuzzi, Lorenzo Arnaboldi, Mario Pierotti (insbesondere für den Capital Market) und Gianfranco Matteuzzi für den Sektor Verwaltung.*

Es entspannt sich auch eine Diskussion über die Zusammensetzung und Organisation der künftigen Direktion, in welcher Signor Fausto Arnaboldi zusammen mit Mario Pierotti und Pierpaolo Matteuzzi zu einer definitiven Lösung gelangen sollten gemäss ausdrücklicher Aufforderung des Präsidenten.

2.4.3 Die Neuorganisation der Sogevalor nach den Vorschlägen von Dr. Mario Pierotti und Fausto Arnaboldi

In der Sitzung vom 5. Dezember 2001 kommt der Präsident nochmals auf den Verlust zu sprechen, der sich per Dezember auf 560 000 Schweizer Franken belief. Positiv ist immerhin zu vermerken, dass sich dieser nicht substanziell vergrössert hat. In einer eingehenden Diskussion, bei der auch Pierpaolo Matteuzzi das Wort ergreift, prognostiziert

dieser, dass der Verlust per Ende Jahr 200 000 Franken nicht übersteigen werde.
Dr. Pierotti orientiert über die Situation mit Dr. Tenti. Aus persönlichen Gründen überlege sich dieser, in die USA abzureisen, deshalb sei eine Denkpause über die mögliche Zusammenarbeit angebracht.
Schliesslich entspannt sich eine lange und heftige Diskussion über das Haupttraktandum der Sitzung, nämlich die Organisation und Zusammensetzung der Direktion.
Dr. Pierotti hat diesbezüglich einen Vorschlag unterbreitet, der von der Mehrheit, insbesondere von Fausto Arnaboldi, befürwortet wird.
Das Organigramm sah wie folgt aus:

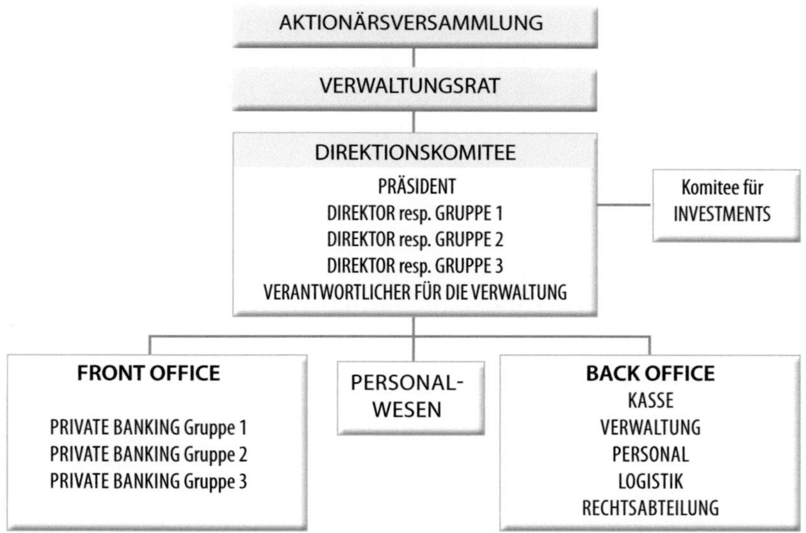

Der Vorschlag enthielt folgende charakteristische Elemente, wie Dr. Pierotti wörtlich ausführte:

Das Direktionskomitee sei in dieser Art «wirklich» kollegial mit einem über den Parteien stehenden Präsidenten (Fausto Arnaboldi) und einem Verantwortlichen für die einzelnen Gruppen (Pierpaolo Matteuzzi Gruppe 1, Lorenzo Arnaboldi Gruppe 2, Mario Pierotti Gruppe 3 (Kapitalmärkte). Verantwortlich für Administration und Personal: Gian-

franco Matteuzzi, und falls es zu einer Einigung mit Tenti käme, wäre Dr. Tenti verantwortlich für Analyse und «Research».[34]

Und weiter heisst es:

Das Direktionskomitee hätte auch die Aufgabe, die einzelnen Gruppen zu überwachen, dass sie sich im Rahmen der Gesamtpolitik bewegten bezüglich Arbeitsqualität und Investitionspolitik und dass sie sich an die Richtlinien der Investitionspolitik hielten.

Der Verwaltungsrat genehmigt **entgegen meiner Stellungnahme** das Organisationsschema von Dr. Pierotti, das auch von Fausto Arnaboldi vehement unterstützt wird, und gibt ihm den Auftrag, diesen organisatorischen Aspekt mit Fausto Arnaboldi und Gianfranco Matteuzzi zu vertiefen. Ich hätte eine «Einerdirektion» vorgezogen, aber Pierotti und Arnaboldi wiesen darauf hin, dass diese Struktur bei renommierten Institutionen wie Pictet & Cie., Lombard Odier & Cie., Goldman Sachs und anderen erfolgreich gewesen sei. Somit unterlag ich mit meinem Vorschlag.

Was schliesslich das ebenfalls präsentierte Budget 2002 betrifft, das von Pierotti aufgestellt worden war, sollte dieses anlässlich der nächsten Sitzung diskutiert werden.

Somit schliesst das Jahr 2001 zwar mit einem mutmasslich negativen Resultat, aber einer Verstärkung der Organisation mit der Intervention von Mario Pierotti/Fausto Arnaboldi und die sehr aktive Mitwirkung sowohl auf der Ebene der Direktion als auch im Investitionskomitee durch den genannten Fausto Arnaboldi.

Ich war nicht glücklich, dass ich mich mit meiner Idee einer «Einerdirektion» nicht durchgesetzt hatte, anderseits verliess ich mich auch auf das Urteil der erfahrenen Banker Arnaboldi und Dr. Pierotti und auch auf Bernardoni.

Bereits am 21. Januar 2002 hält der Verwaltungsrat erneut eine Sitzung ab, an der Finanzchef Gianfranco Matteuzzi informiert, dass das mutmasslich negative Resultat schätzungsweise CHF 200 000 betragen würde (die Revision war noch nicht abgeschlossen). Pierpaolo Mat-

---

34 Projekt Pierotti, 26. November 2001, S. 2, Beilage

teuzzi äussert sich zur Reduktion der Kosten, insbesondere bezüglich der Kostenreduktion bei Miete und Spesen. Leider hat sich auch herausgestellt, dass die Übernahme von Tenti nicht zustande kommt, was allgemein bedauert wird. Die Zusammenarbeit werde allerdings weitergeführt.
Was schliesslich die Arbeit in der Direktion betrifft, äussern sich Fausto Arnaboldi und Dr. Pierotti. Dr. Pierotti unterstreicht, dass in der Direktion nun eine klare Ordnung bestehe mit den Aufgaben Administration, Koordination und Entwicklung der Privatklienten, Kapitalmarkt und Vermögensverwaltung.
Was die Administration betrifft, fällt diese in die Zuständigkeit von Gianfranco Matteuzzi, die Entwicklung der Privatkundschaft in die Kompetenz von Fausto Arnaboldi und die Vermögensverwaltung in diejenige von Pierpaolo Matteuzzi.

2.5 Die Zeit vom Frühjahr 2002 bis im Sommer 2003

2.5.1 Allgemeines

Auf Ende April 2002 trat Dr. Mario Pierotti als Direktor der Sogevalor AG zurück. Seinen Austritt bedauerte ich sehr, hatte er doch nicht nur das Tagesgeschäft, sondern auch den Auf- und Ausbau der Sogevalor AG massgebend geprägt. Allerdings blieb er der Gesellschaft als Konsulent erhalten, und bereits im Herbst des gleichen Jahres an der Verwaltungsratssitzung vom 18. September 2002 wurde über seinen Wiedereintritt beraten, und er wurde den internen Ausschüssen zugeordnet. So setzte sich der Direktionsausschuss aus den Herren Mario Pierotti, Gianfranco Matteuzzi und Eugenio Rainoldi, der Investitionsausschuss aus den Herrn Pierpaolo Matteuzzi, Fausto Arnaboldi, Mario Pierotti, Eugenio Rainoldi und Aldo Matteuzzi zusammen.[35]

Im Verwaltungsrat wurde am 20. März 2003 der provisorische Abschluss 2002 behandelt, und gemäss Pierpaolo Matteuzzi stand der

35 Protokoll der Verwaltungsratssitzung vom 18. September 2002, S. 2.

formelle Wiedereintritt von Dr. Pierotti unmittelbar bevor.[36] Im Jahr 2003 ist er dann auch tatsächlich auf seinen eigenen Wunsch wieder eingetreten.[37] Von Pierotti liest man im Bericht von Deloitte & Touche, d.h., der Wirtschaftsprüfungsgesellschaft, die im Sommer 2004 eine Sonderprüfung und später die Liquidation der Sogevalor durchführen sollte, dass seine Aktivität «im Dunkeln lag».[38]

Im April 2003 verliess Lorenzo Arnaboldi mit seinem Portefeuille die Sogevalor; Vater Fausto Arnaboldi, ehemaliger Generaldirektor des Schweizerischen Bankvereins im Tessin, blieb jedoch Aktionär und Mitglied des Verwaltungsrats und der Kommissionen.
An einer auf Verlangen der Eidgenössischen Bankenkommission anberaumten Sitzung vom 24. Juli 2003, an welcher Vizepräsident Dr. Giorgio Bernardoni und der Revisor Ortelli teilnahmen, verlangte die EBK einen Spezialrapport der bankengesetzlichen Revisionsstelle. Der Grund für die Einberufung der Sitzung war offenbar, dass die Vermögensmasse von der Verwaltung nicht immer gleich dargestellt worden war.[39] Ich hatte aufgrund anderweitiger terminlicher Verpflichtungen an dieser Sitzung nicht teilnehmen können. Anlässlich dieser Sitzung verlangte die Bankenkommission einen Spezialrapport, in welchem von Ernst & Young unter anderem die Investitionen der Klienten zu überprüfen waren, so auch die Investitionen in die Investmentfunds Global und Tissera. Der Revisionsbericht der Ernst & Young, der dann mit Datum vom 3. Oktober 2003 verfasst wurde, ergab ein äusserst positives Bild der Gesellschaft.

Rodolfo Oechslin war im Herbst 2003 aus der Geschäftsleitung zurückgetreten, angeblich hatte dies die EBK von Bernardoni in der Sitzung vom Sommer 2003 gefordert. Er tat dies aus gesundheitlichen Grün-

---

36 VR-Protokoll vom 20. März 2003, vgl. auch Einvernahme Pierotti vom 26. August 2004, S.3, und vom 2. Dezember 2011, S. 3.
37 Vgl. Zeugeneinvernahme B.P. vom 10. September 2004, S. 4; Einvernahme A.B. vom 10. August 2004, S.3.
38 Vgl. Rapport Deloitte & Touche, S. 5.
39 Vgl. Einvernahme M. Ortelli vom 25. August 2004, S. 5.

den, war er doch in jener Zeit etwas angeschlagen, insbesondere von Schwindelanfällen geplagt.

2.5.2 Der Spezialrapport der Ernst & Young von 2003

Im Rapport prüfte die Revisionsgesellschaft die Tätigkeit der Sogevalor eingehend und detailliert und hält die Ergebnisse auf zehn Seiten fest. Darin führt die Ernst & Young aus, dass sie in diesem Rapport die Respektierung der Vorschriften der Bankiervereinigung betreffend Vermögensverwaltung, die Normen über das Verhalten der Effektenhändler sowie die Einhaltung der internen und externen Normen betreffend Geldwäscherei überprüft habe.
Ausserdem habe sie die Einhaltung der Bestimmungen des Formulares A überprüft. Weiter führt sie aus:

«*Die Kontrollen umfassten sämtliche Kundendossiers, sowohl direkte als auch indirekte* (Seite 2).»

Ausnahmen waren die von der Staatsanwaltschaft immer noch unter Beschlag gehaltenen Dossiers des vom Kunden 775 initiierten Strafverfahrens aus dem Jahr 1999 sowie kleinere Portefeuilles, die nur summarisch überprüft wurden. Wie man sich erinnert, hatte der Kunde 775 eine Forderung von ungefähr 60 000 Franken geltend gemacht (siehe Seite 30).
Die Kontrollen hatten sich dann insbesondere auf Folgendes konzentriert:

- Existenz eines Vermögensverwaltungsvertrags in schriftlicher Form.
- Überprüfung der verwalteten Vermögen.
- Benützung der Investitionsvehikel gemäss Bankenusanz.
- Einhaltung des Investitionsprofils, das vom Klienten gewünscht wurde.
- Konzentration auf Einzel-Investments im Inneren der Portefeuilles.
- Investitionen in Finanzinstrumente, die leicht handelbar sind.
- Überprüfung, ob die Sogevalor das Verbot, mit Debitorenkonten zu handeln, befolgte und danach handelte.
- Überprüfung von Investitionen, die nicht den üblichen Mustern entsprechen *(Investimenti non tradizionali)*.

Der Rapport erläutert diese Fragen dann im Detail auf drei Seiten und analysiert die einzelnen Konten.
Mit Ausnahme einiger kleiner Beanstandungen wurde alles als in Ordnung befunden.
Betreffend die von der Staatsanwaltschaft immer wieder ins Feld geführten beiden Fonds Tissera und Global Street liest man im Rapport (Seite 5):

> «Die Zusammensetzung der Fonds am 31. Dezember 2002 war die Folgende:
> ***Global Street****-Aktien 2,5 %, Obligationen 97,5 % (von 30,8 % Treasury / Staatsschuldverschreibungen USA)*
> *Total NAV USD 69 824 220.--.*
> ***Tissera****-Aktien 47,1 %*
> *Obligationen 47 %*
> *Diverses 5,9 %*
> *Total NAV USD 93 705 287.—».*

Schliesslich heisst es:

> *«Aus einer Prüfung der Verteilung dieser Investitionen und ihrer Typologie in den beiden Fonds resultierten keine Tatsachen, die erwähnenswert sind.»*

Einzig zu einem anderen Fonds, dem Rumpere Capital Fund NV, bemerkt die Revisionsstelle, dass es sich hier um einen spekulativen Fonds handle und dass gewisse Klienten diese Investition nicht autorisiert hätten.
Schliesslich fährt der Rapport fort:

> *«Die Analyse der Investitionen, was ihre Handelbarkeit und die Zugehörigkeit zu üblichen bankmässigen Kategorien sowie auch anderen Kategorien betrifft, hat eine korrekte Situation gezeigt. Die einzigen Ausnahmen aus unserer Sicht sind die Investitionen in den Rumpere Capital Fund NV.»*

Zur Einhaltung der Vorschriften der Schweizerischen Bankiervereinigung hält der Rapport fest:

«Die Informationspflicht ist eingehalten. Die übliche Sorgfaltspflicht ist eingehalten. Die Vorschrift zur Einhaltung einer Loyalität gegenüber den Klienten ist eingehalten.»

Schliesslich führt der Rapport auch noch aus, dass Unregelmässigkeiten bei der Bearbeitung des Formulares A, welche im Rapport 2002 noch gerügt worden waren, nun korrigiert worden und damit in Ordnung seien.

2.6 Ein Telefonanruf nach San Francisco: Die Ereignisse im Spätsommer 2003

Es war bisher nie vorgekommen, dass sich ein Klient der Sogevalor wegen einer Investition an den Verwaltungsratspräsidenten der Gesellschaft gewandt hatte. Im Spätsommer 2003 geschah dies.
Am 11. September 2003 befand ich mich am Kongress des Internationalen Anwaltsverbandes in San Francisco (International Bar Association, IBA), als mich meine Sekretärin telefonisch kontaktierte und mir mitteilte, dass ein gewisser Herr Senger* einen Rückruf und Erklärungen betreffend zwei Klienten der Sogevalor erwartete.
Wie verlangt, nahm ich dann telefonisch mit Herrn Senger Kontakt auf, welcher mir erklärte, dass zwei seiner Klienten, nämlich Derrick Stone* und Dagobert Müller*, beunruhigt seien über von ihnen getätigte Investitionen, die sie von Sogevalor zurückverlangt und nicht erhalten hatten. Ich hörte diese Namen zum ersten Mal und sagte, dass die Angelegenheit mutmasslich von den Herren Oechslin und Matteuzzi behandelt worden sei – was dieser natürlich genau wusste, waren die beiden doch seine Kontaktpersonen – und dass ich darüber nicht orientiert wäre. Ich habe ihm jedoch versprochen, dass ich mich sofort nach meiner Rückkehr mit der Angelegenheit befassen würde.
Anschliessend – ich war immer noch in San Francisco – hat mich der von Herrn Senger erwähnte Derrick Stone angerufen, mit dem ich damals zum ersten Mal sprach. Er hat mich verbal angegriffen und beleidigt, mir vorgeworfen, ein Dieb zu sein, ich hätte ihm seine Gelder gestohlen. Er hat auch gedroht, er würde mich ins Gefängnis werfen lassen.

* Name geändert

Angesichts der Tonart des Herrn Stone war das Telefongespräch nach wenigen Minuten beendigt. Herr Stone hat mich dann noch weitere Male angerufen mit dem gleichen aggressiven Verhalten, und es war nicht möglich, mit ihm ein vernünftiges Gespräch zu führen. Ich muss allerdings hinzufügen, dass er mich nach meiner Rückkehr in die Schweiz wieder angerufen hat. In einem dieser Telefongespräche hat er sich bedeutend ruhiger gezeigt und mir erklärt, dass Pierpaolo Matteuzzi ihm seine Aktien an der Sogevalor verpfändet hätte.
Mitte September 2003 kehrte ich in die Schweiz zurück und versuchte, so rasch wie möglich einen Termin für eine ausserordentliche Verwaltungsratssitzung festzulegen, was ich dann auch tat, und zwar auf den 16. Oktober 2003, welcher dann auf Verlangen einiger Mitglieder des Verwaltungsrats auf den 30. Oktober 2003 verschoben wurde.

Zwischenzeitlich hatte ich von Pierpaolo Matteuzzi sämtliche Dokumente, welche den Fall Stone und Müller betrafen, verlangt. Beide hatten offenbar tatsächlich Beträge von insgesamt 30 Millionen Dollar über die Sogevalor investiert. Ich verlangte von Pierpaolo Matteuzzi Auskunft über die Art der getätigten Investition und lückenlose Aufklärung der Umstände und warum es seitens der beiden Investoren zu Reklamationen und Rückforderungen komme. Stone hatte mit den Herren Pierpaolo Matteuzzi und Oechslin verhandelt, aber auch mit Julio Pasini in New York am Sitz der Dumont.[40]

Am 22. Oktober 2003 erhielt ich einen Brief von Rechtsanwalt Hess aus Zürich, der mir mitteilte, dass er die Interessen von Herrn Stone vertrete. Daraufhin habe ich – am 23. Oktober 2003 – Herrn C. M., einen Anwalt aus einer grossen Wirtschaftskanzlei auf dem Platz Zürich, beauftragt, die Sogevalor gegenüber Herrn Stone zu vertreten.
Gleichentags, am 23. Oktober 2003, habe ich nochmals sämtliche Akten betreffend den Fall Stone verlangt, zusammen mit einer Erklärung und einer Darstellung, was vorgefallen sei. Am folgenden Tag, am 24. Oktober, habe ich in der Tat eine Darstellung der Angelegen-

40 Einvernahme Derrick Stone vom 13.7.2004, S.2.

heit Stone/Müller erhalten, zusammen mit einem sogenannten «Deed of Trust», der offenbar im Juni 2003 ohne meine Kenntnis zwischen Sogevalor und den Herren Stone und Müller abgeschlossen worden war. Gemäss seinen eigenen Angaben **hatte Derrick Stone diesen Trust Deed in New York bei der Dumont** unterzeichnet.[41] Ebenfalls beigelegt war ein Schreiben von Herrn Stone, das er an die Adresse der Herren Matteuzzi und Oechslin bei der Sogevalor geschickt hatte, worin er mitteilte, dass er Rechtsanwalt Hess instruiert habe, vorläufig nicht weiter gegen die Sogevalor vorzugehen.
Anlässlich der nun folgenden VR-Sitzung vom 30. Oktober 2003 erklärt Herr Pierpaolo Matteuzzi, dass eine Vereinbarung mit den Herren Stone und Müller getroffen worden sei, in der ihnen ein Bonus von sieben Prozent auf die getätigten Investitionen versprochen wurde und wonach die Investitionen durch zwei «Promissory Notes» des Tissera Fonds abgesichert wären. Auf mein Verlangen wurde mir eine Kopie der entsprechenden Garantieerklärung des Tissera Fonds ausgehändigt. Bei einer «Promissory Note» handelt es sich um ein unbedingtes schriftliches Zahlungsversprechen, einer Person oder dem Inhaber dieses Dokuments an einem bestimmten Datum eine bestimmte Summe Geld zu bezahlen (ähnlich einem Eigenwechsel).

Vorgängig der Sitzung vom **30. Oktober 2003** war ich bei Herrn Michele Ortelli, dem leitenden Revisor von Ernst & Young, in seinem Büro in Lugano vorbeigegangen, um einige Punkte zu klären, da mich die Angelegenheit Stone/Müller natürlich beunruhigte. Anlässlich dieses Treffens mit Herrn Ortelli besprachen wir Folgendes:

1. Spezialrapport vom 3. Oktober 2003 der Ernst & Young zuhanden der Bankenkommission: Dieser Rapport, der unter der Leitung des genannten Michele Ortelli verfasst worden war, basierte auf einem entsprechenden Begehren der Bankenkommission vom 24. Juli 2003. Aufgabe von Ernst & Young war, wie bereits ausführlich dargelegt, eine Verifizierung darüber, ob die allgemeinen Richtlinien der Schweizer Banken eingehalten würden betreffend

41 Vgl. Einvernahme Stone.

Mandatsführung und Vermögensverwaltung sowie die praktische Handhabung betreffend das Verhalten als Effektenhändler in Bezug auf die internen und externen Normen, insbesondere auch bezüglich der Bestimmungen gegen die Geldwäscherei.
Im Rahmen dieses Rapports werden unter anderem die Fonds Tissera und Global Street als gemischte, nicht spekulative Fonds bezeichnet, und die Revisionsstelle bestätigt ausdrücklich, dass die Sogevalor die Informationspflicht und auch die Sorgfaltsplicht und Treuepflicht eingehalten habe.
Diesen Inhalt des Rapports hatte Ortelli anlässlich unseres Gespräches ausdrücklich bestätigt und mitgeteilt, weitere Bemerkungen dazu würden sich erübrigen.

2. Zum Zweiten haben wir den internen Rapport von Paolo Francopagni der R.group AG behandelt und schliesslich allgemein die Verwaltung und Buchhaltung der Sogevalor, wobei der Vertreter der Revisionsstelle insbesondere darauf hingewiesen hat, dass sich die Buchführung und das ganze Buchhaltungssystem gegenüber früher sehr stark verbessert hätten.

Im Rahmen einer Verwaltungsratssitzung vom 30. Oktober 2003 war entschieden worden, dass die Herren Pierpaolo Matteuzzi und Rodolfo Oechslin weiterhin den Kontakt mit Herrn Stone aufrechterhalten und mit ihm eine Lösung erarbeiten sollten.
Am 11. November 2003, nach verschiedenen Vorstössen meinerseits, hat Pierpaolo Matteuzzi mir eine Kopie der «Promissory Notes», welche mir anlässlich der Sitzung vom 30. Oktober 2003 gezeigt worden waren, übermittelt. Was die weiteren Informationen, die von mir verlangt worden waren, betraf, nämlich die Zusammensetzung des Fonds Tissera, erklärte mir Pierpaolo Matteuzzi am 11. November 2003, dass die Buchhaltung nicht zur Verfügung stünde, da diese in New York geführt würde. Gleichzeitig hat Pierpaolo Matteuzzi bestätigt, dass er die Kontakte mit Stone und Müller aufrechterhalten hätte, ja, er liess sogar durchblicken, dass diese interessiert seien, die Sogevalor zu kaufen bzw., sich daran zu beteiligen.

2.7 Turbulenter Jahreswechsel 2003/04

Gegen Ende Dezember des gleichen Jahres informierte Pierpaolo Matteuzzi, dass er sich am 4. Dezember 2003 mit Müller getroffen hätte, welcher für sich und Stone die «Promissory Notes» akzeptiert habe, wonach die Rückzahlung der von Stone und Müller einbezahlten Beträge von USD 15 000 000 bzw. USD 10 000 000 auf Ende Februar 2004 terminiert worden seien. Ich erhielt eine entsprechende Kopie dieser unterzeichneten Dokumente am 19. Januar 2004 von der Assistentin der Geschäftsleitung der Sogevalor, Frau A.B.
Innerhalb dieser Dokumentation befand sich eine Vollmacht von Derrick Stone, in welcher er Müller bevollmächtigte, eine Einigung mit der Sogevalor an seiner Stelle abzuschliessen. Ferner waren darin die akzeptierten Promissory Notes, gemäss welchen die Beträge an Derrick Stone bzw. Müller zur Rückzahlung am 28. Februar 2004 fällig wurden.

Im Januar 2004 hatte ich die entsprechende Vereinbarung und die dazugehörenden Dokumente auch an Rechtsanwalt Hess übermittelt, der sich als Vertreter von Stone ausgegeben hatte.
Anfang Februar 2004 schliesslich übermittelte Pierpaolo Matteuzzi mir die Performance-Aufstellungen von Global Street und Tissera.
Nachdem die Bezahlung der beiden Promissory Notes auf den 28. Februar terminiert war, erwartete ich, dass diese auch erfolgen würde, wie mir Pierpaolo Matteuzzi mehrmals versichert hatte.

Es kam allerdings anders, denn am 28. Februar 2004 teilte er mir mit, dass die Rückzahlung verschoben worden sei, was für mich nicht akzeptabel war. Ich berief daher unmittelbar danach, am 4. März, eine ausserordentliche Sitzung des Verwaltungsrats auf den 8. März ein.
Nachdem er die Einladung erhalten hatte, kontaktierte mich Pierpaolo Matteuzzi und schlug vor, uns noch vor der Sitzung des Verwaltungsrats zu treffen, um mir die Dokumente der Buchhaltung der Investment Fonds Tissera und Global zu übergeben. Gleichzeitig sagte er, dass an diesem Treffen auch Vizepräsident Bernardoni teilnehmen würde.

Ich hatte nichts dagegen einzuwenden, wollte aber eine klare Dokumentation über die Fonds und die Gründe, warum der Zahlungstermin vom 28. Februar 2004 nicht eingehalten worden war. Er bekräftigte erneut, dass alles unter Kontrolle sei.

2.8 Wolken über dem Landwassertal

Am 6. und 7. März 2004 hatten wir ein Ski-Weekend unserer Anwaltskanzlei und unseres Treuhandbüros in Davos. Es war ein wunderschönes Wochenende mit fast wolkenlosem Himmel und guten Schneeverhältnissen. Parsenn und Pischa zeigten sich von ihrer schönsten Seite, und eine Schlittelpartie mit Fondue auf der Schatzalp trugen zu einem erlebnisreichen Wochenende bei. Doch da waren eben auch immer im Hinterkopf die Ungereimtheiten bei Sogevalor.

Am Sonntag um 16.00 Uhr kamen die Herren Pierpaolo Matteuzzi, Giorgio Bernardoni, begleitet von seiner Frau, sowie Rodolfo Oechslin nach Davos zu mir ins Hotel. Frau Bernardoni hat an dem Treffen nicht teilgenommen, sondern war lediglich Begleitperson und versuchte, die Zeit im Hotel totzuschlagen.
In dieser Sitzung hat mir Pierpaolo Matteuzzi ein Papier präsentiert, das die Aufstellung des Fonds bestätigen sollte. Dieses Papier war aber für mich nicht akzeptabel, und ich habe es zurückgewiesen, da es sich lediglich um handschriftliche Notizen handelte.
Die Herren Matteuzzi, Oechslin und Bernardoni widersetzten sich meinem Willen, die Verwaltungsratssitzung, wie einberufen, am Folgetag, dem 8. März 2004 durchzuführen und drohten, sie würden an der Sitzung nicht teilnehmen. Ihr Argument war, dass zuerst die Dokumentation der Fonds vorliegen müsse.
Es entspann sich eine heftige Debatte in einer äusserst gespannten Atmosphäre im Kongress-Hotel in der schönen Schneelandschaft von Davos. Pierpaolo sagte, er würde am folgenden Tag, nämlich am 8. März 2004, auf welchen ich die Verwaltungsratssitzung einberufen hatte, nach New York fliegen, um die Dokumente zu beschaffen.

Ich verzichtete nicht auf meine Forderung nach einer Verwaltungsratssitzung und verlangte, dass zumindest die Modalitäten des weiteren Vorgehens diskutiert werden. Aber es war nichts zu machen, die Herren widersetzten sich der Abhaltung einer Verwaltungsratssitzung. Ich habe dann eingewilligt, noch eine Woche zu warten, bis mir die von mir verlangten Dokumente über die Zusammensetzung der Investment Fonds Tissera und Global Street sowie die Gründe, warum nicht ausbezahlt wurde, übermittelt würden.

2.9 Mein Rücktritt

Nachdem ich auf den festgesetzten Termin vom 16. März 2004 keine Nachricht erhalten hatte, reichte ich meine Demission als Präsident und Mitglied des Verwaltungsrats ein, schickte sie an den Vizepräsidenten Bernardoni und eine Kopie an den Vertreter von Stone. Vor meinem Rücktritt hatte ich noch meinen Verwaltungsratskollegen Fausto Arnaboldi angerufen und ihm mitgeteilt, dass ich Informationen über die Fonds nicht erhalten hätte und die Einberufung der Verwaltungsratssitzung durch die andern Herren Verwaltungsräte und Aktionäre torpediert worden sei. Er antwortete, ihm kämen zwar gewisse Dinge seltsam vor, doch er würde im Verwaltungsrat bleiben. Der Vizepräsident versuchte mit allen Mitteln, meine Löschung im Handelsregister zu verhindern, indem er sich weigerte, meine Demission dem Handelsregisteramt einzureichen. Ich war schliesslich gezwungen, diese direkt beim zuständigen Handelsregisteramt durchzusetzen.

Ich besuchte in jener Zeit meinen Sohn in Südafrika, der dort als Pilot arbeitete. Dadurch gelang es mir mindestens zeitweise, die Angelegenheit Sogevalor, die mich belastete, in den Hintergrund zu drängen. Nach meinem Ausscheiden erhielt ich praktisch keine Informationen mehr von der Sogevalor.
Allerdings erhielt ich noch den Revisionsbericht der Ernst & Young für das Jahr 2003, der keine Vorbehalte irgendwelcher Art enthielt. Im Ver-

laufe des März 2004 liess Vizepräsident Bernardoni verlauten, dass 95 Prozent des Kapitals der Sogevalor verkauft worden seien, nämlich das gesamte Paket ohne meine 5 Prozent, und zwar an eine amerikanische Gruppe.
Im Verlaufe des Monats Juni 2004 erfuhr ich von Herrn Rechtsanwalt Hess, dass effektiv Gespräche im Gang gewesen seien zur Übernahme der Sogevalor, über deren Inhalt und Ausgang usw. er mich natürlich nicht mehr informierte.

2.10 Der Zusammenbruch der Sogevalor

Ich hörte in diesem Zeitraum sonst nichts mehr von der Sogevalor, aber wie ich nun aus den zwischenzeitlich erstellten Akten weiss, wurde die Deloitte & Touche AG Zürich, eine der grossen Wirtschaftsprüfungsgesellschaften, im Juni 2004 von der Eidgenössischen Bankenkommission zur Beobachterin der Sogevalor ernannt mit dem Auftrag, eine ausserordentliche Revision durchzuführen. Der Rapport der ordentlichen bankengesetzlichen Revisionsstelle, Ernst & Young, der mir wie gesagt Anfang Jahr zur Kenntnis gebracht worden war, hatte keinerlei Vorbehalte enthalten.
Wie ich später aus der nachfolgend geschilderten Untersuchung erfuhr, wurde die Sogevalor aufgrund der Erkenntnisse der Deloitte & Touche von der EBK in Zwangsliquidation versetzt unter Aufsicht dieser Treuhandgesellschaft. Gleichzeitig war Strafanzeige erstattet worden.

3 Der 10. August 2004

An jenem schönen 10. August, als der Bankomat mir gegenüber streikte (siehe Seite 11), hatte die Tessiner Staatsanwaltschaft zugeschlagen. Sie blockierte Vermögenswerte einzelner Mitglieder der Geschäftsleitung und des Verwaltungsrats (aber nur einzelner, andere wurden von allem Anfang an geschont), so auch die meinigen, und sie verhaftete Rodolfo Oechslin, Giorgio Bernardoni und Gianfranco Matteuzzi.

Pierpaolo Matteuzzi war nicht auffindbar, er war auf der Flucht, gemäss hartnäckigen Gerüchten in Bologna, wo er sich als schweizerisch-italienischer Doppelbürger sicher fühlte und dies zu Recht, wie die Strafuntersuchung demonstrierte. Ein Haftbefehl gegen ihn wurde erst auf Verlangen der Verteidigung im Jahr 2012 – acht Jahre nach Einleitung der Untersuchung – erlassen.

Meine Vermögenswerte und die Vermögenswerte, die die Staatsanwaltschaft mir zuordnete, wurden demnach an diesem Tag blockiert. So waren die Konten meines Anwalts- und Treuhandbüros eingefroren, ebenso alle Konten des Hotels Admiral in Lugano, da ich dort im Verwaltungsrat sass. Das Hotel gehörte privaten Investoren und einer bekannten amerikanischen Investment-Bank. Erfolgreich geführt wurde es damals von einem alteingesessenen Tessiner Hotelier.
Mein erstes Ziel war, diese Konten freizukriegen. Mein damaliger Anwalt und ich arbeiteten während zweier Tage übers Wochenende Tag und Nacht, eingepfercht in einem kleinen Räumchen des Hotels Admiral, um Dokumente zu kopieren und zusammenzustellen und dies bei sommerlicher Hitze und ohne Aircondition; alles, um zu beweisen, dass das Hotel Admiral nichts mit Sogevalor und schon gar nichts mit den dort getätigten «Geschäften» zu tun hatte.
Einige der von der Staatsanwaltschaft blockierten Vermögenswerte wurden in den nächsten Tagen, nicht zuletzt dank des hervorragenden Einsatzes meines damaligen Verteidigers A.G., freigegeben, so für das Hotel Admiral und für andere Betriebe und des Anwaltsbüros.

Meine privaten Konten und diejenigen von mir gehörenden Gesellschaften blieben blockiert. Insgesamt hat die Staatsanwaltschaft Werte im Umfang von ungefähr 400 000 Franken beschlagnahmt.

4 Die Untersuchung

4.1 Die Einvernahmen durch die Staatsanwaltschaft, die erste Runde 2004/05

Die erste Einvernahme durch die Tessiner Staatsanwaltschaft fand am 23. August 2004 statt.

Ich war am Abend vorher angereist, meine Tochter Janine begleitete mich, was mir Halt gab. Allerdings war ich zuversichtlich, hatte ich doch von den Machenschaften Matteuzzis und Oechslins keine Ahnung gehabt. Die Übernachtung in «meinem» Hotel war trotz der Annehmlichkeiten belastend. Nach einer Pizza im nahe gelegenen Restaurant in Paradiso versuchte ich zu schlafen.

Am nächsten Morgen wanderte ich bei schönem Sommerwetter dem See entlang, von Paradiso ins Zentrum von Lugano in den hässlichen «Palazzo di Giustizia». Die grauen abweisenden Mauern türmen sich über mehrere Stockwerke, und die Fenster empfangen den «Besucher» mit Argusaugen. Der Eingang: breit wie das halboffene Maul eines Krokodils.

Palazzo di Giustizia, Lugano

Durch den Haupteingang nach links erreicht man die Staatsanwaltschaft. Nach gebührendem Warten wurde ich in das Zimmer der verhörenden Staatsanwältin beordert. Staatsanwältin Maria Galliani führte die Untersuchung, die von 09.00 bis 21.00 Uhr dauerte. Galliani, eine zähe, unermüdliche Juristin, rauchte ununterbrochen während der ganzen Einvernahme; ihr Ziel war, mich, den Verwaltungsratspräsidenten, einer Straftat zu überführen. Galliani befasste sich hauptsächlich mit den zwei folgenden Themen:
Zum einen mit der Frage, ob es bei der Entschädigung der Klienten im «Settlement», d.h. dem Nachlassvertrag mit den Gläubigern – wie er infolge der schlechten Investitionen des anfänglichen Aktionärs der Sogevalor, Diego Abbas, notwendig geworden war –, mit rechten Dingen zugegangen sei (siehe Seite 34). Galliani kam während der zwölfstündigen Einvernahme unablässig und immer wieder auf die Verwaltungsratssitzungen vom Oktober und November (siehe Seite 31 ff.) zurück.
Zum zweiten kreiste sie wie ein Adler über seiner Beute über das Thema der Eingabe an die Bankenkommission und die Frage, ob die Dumont Inc. New York nicht doch Rodolfo Oechslin und Pierpaolo Matteuzzi gehört hätten. Auch hier schilderte ich ihr, was ich wusste und wie sich die Situation mir damals präsentierte, auch wies ich darauf hin, dass die Eingabe an die Bankenkommission mit Ausnahme eines ersten Entwurfes des Antrages und Fragebogens nicht von mir bearbeitet worden war.
Ich schilderte den Ablauf wahrheitsgetreu wie vorne («Die US-Connection» auf Seite 42 ff.) beschrieben und versuchte, die einzelnen Ereignisse in den Gesamtzusammenhang zu stellen, was sie aber nicht interessierte, wie auch später ihre Nachfolgerin nicht und ebenso wenig dann später das Gericht.

In meiner zweiten Einvernahme vom 23. März 2005, von 09.30 bis etwa 18.00 Uhr, ging es im gleichen Stil und zu den gleichen Themen weiter, und ich wiederholte, was ich bereits in der ersten Einvernahme gesagt hatte.

Ausser Protokoll liess ich dann die Bemerkung fallen, wie es um meinen Mitverwaltungsrat Fausto Arnaboldi bestellt sei... «E questo è un vecchio pensionato» – «Ach, dies ist ein alter Rentner», war die Antwort der Staatsanwältin. Wenn man bedenkt, dass dieser «alte Rentner» – ehemaliger Generaldirektor des Bankvereins (SBV) für das Tessin – als geschäftsführendes Mitglied des Verwaltungsrats immerhin ein permanentes Büro in der Sogevalor hatte, das er täglich nutzte und zudem jährlich 170 000 Franken an Honorar und zusätzlich Bonus bezog, dazu während einer bestimmten Zeit die Direktion leitete und Mitglied des Investitionsausschusses war, erstaunt diese Aussage doch einigermassen, insbesondere, nachdem sie mich, den Verwaltungsratspräsidenten, stundenlang in die Mangel genommen hatte, während Fausto Arnaboldi gerade einmal dreieinhalb Stunden einvernommen worden war. (Er wurde dann Jahre später, auf Verlangen der Verteidigung, nochmals während dreieinviertel Stunden einvernommen, allerdings ohne dass die Staatsanwaltschaft eine einzige Frage stellte!)
Am Ende dieser meiner zweiten Einvernahme liess Staatsanwältin Galliani jedoch durchblicken, dass sie mich für unschuldig hielt, aber das «Verfahren wegen der Privatkläger nicht einstellen könne». Diese Bemerkung erfolgte natürlich ausserhalb des Protokolls. Ihr war klar geworden, dass ich hintergangen worden war, wie dies auch klar aus den beiden Einvernahmeprotokollen hervorgeht. Mein Anwalt bei dieser Einvernahme war Mario Patocchi *, den ich gewählt hatte, nachdem mein früherer Anwalt per 1.1.2005 zur Bundesanwaltschaft gewechselt hatte.
Mario Patocchi, ein sehr netter, zuvorkommender und hilfsbereiter Mensch, und ich waren uns über die Vertretung einig geworden. Mario Patocchi war mit einer Staatsanwältin verheiratet,[42] und ich fragte ihn, ob das kein Hindernis sei. Nein, natürlich nicht, seine Frau sei in den Fall Sogevalor überhaupt nicht involviert, zudem würde sie keine «Finanzfälle» behandeln.

---

* Name geändert.
42 Anmerkung: Sie ist inzwischen verstorben.

4.2 Die übrigen Einvernahmen 2004 und 2005

Bis zum 24. September 2004 fanden 35 Einvernahmen von Angeschuldigten, Zeugen und Angestellten der Sogevalor sowie Geschädigten statt, dann noch eine weitere bis vor Ende 2004, im Jahre 2005 deren fünf und 2006 deren drei. Danach gab es keine Einvernahmen und Untersuchungshandlungen mehr bis im April 2011, mit Ausnahme von einer im Jahr 2009.

Die Einvernahmen des Verwaltungsrats und der obersten Geschäftsleitung

Wie vorne dargestellt, waren neben mir als Präsident noch folgende Herren im Verwaltungsrat gewesen: Dr. Giorgio Bernardoni als Vizepräsident, die Herren Rodolfo Oechslin und Pierpaolo Matteuzzi sowie Fausto Arnaboldi als geschäftsführende Verwaltungsräte und Pier Lodovico Pierotti (bis Ende 2000).

Giorgio Bernardoni wurde am 10. August 2004 einvernommen.
Pierpaolo Matteuzzi, der Hauptbeschuldigte, hatte sich ins Ausland abgesetzt und war nicht auffindbar. Allerdings hielt es die Staatsanwaltschaft nicht für notwendig, ihn zu suchen und auszuschreiben. Das geschah erst acht(!) Jahre später auf Verlangen und Insistieren der Verteidigung.
Rodolfo Oechslin wurde in dieser ersten Phase 2004/2005 siebenmal, Dr. Giorgio Bernardoni achtmal einvernommen. Die Einvernahmen von Giorgio Bernardoni hatten zu einem grossen Teil einerseits mit seinen Tätigkeiten im Zusammenhang mit Chantarella (vgl. Seite 23) und den «Beratungen» seiner persönlichen Klienten, die er im Rahmen der Sogevalor betreute, zu tun – für beides wurde er mit massiven Vorwürfen konfrontiert –, anderseits mit seiner Tätigkeit für und um die Familienstiftung Telaya, die für eine gewisse Zeit Aktionärin der Dumont Investment gewesen war (vgl. Seite 42, «US-Connection»).
Rodolfo Oechslin war das «alter ego» von Pierpaolo Matteuzzi, er wusste im Wesentlichen über alles Bescheid und wurde entsprechend auch dazu einvernommen. Interessant sind seine Aussagen, dass die Liqui-

ditätsschwierigkeiten der Fonds erst 2002 begannen; ferner gibt er zu, dass die Summen von 25 Millionen Dollar Müllers und Stones für die «Ablösung» anderer Kunden verwendet wurden.[43] Die Zeugin D.E. bestätigt ihrerseits, dass die Reklamationen der Kunden erst Anfang 2004 begannen.[44]

Fausto Arnaboldi, der als geschäftsführender Verwaltungsrat (mit einem Honorar von 170 000 Franken zusätzlich Bonus) und mit seinen Aufgaben im Rahmen der Leitung der Direktion und im Investitionsausschuss stark in die Geschäftstätigkeit der Sogevalor involviert war, wurde gerade einmal während dreieinhalb Stunden einvernommen. Seine Ausführungen, die zum Teil in klarem Widerspruch stehen zu den Akten, so z.B. seinen eigenen Aussagen in den Sitzungen des Verwaltungsrats, wurden nicht hinterfragt. Wie gesagt, wurde er später auf Verlangen der Verteidigung nochmals einvernommen, ohne dass die Staatsanwaltschaft auch nur eine einzige relevante Frage gestellt hätte. Persönlich glaube ich allerdings, dass auch er hinters Licht geführt worden war, obwohl er praktisch täglich am Puls des Geschehens war.

Verwaltungsrat Pier Lodovico Pierotti, der an der Sitzung vom 13. Oktober 1999, welcher die Staatsanwaltschaft und die Gerichte eine derart erhebliche Bedeutung beimessen, dabei war (vgl. Seite 31), als der «Rapport Francopagni» beschlossen wurde und der es übernommen hatte, Francopagni persönlich zu instruieren, und der mit seinem Sohn Dr. Mario Pierotti massgebend an der Neuausrichtung der Sogevalor im Jahr 1999 mitbeteiligt war,[45] wurde dazu in dieser Phase nicht ein einziges Mal befragt. Erst sieben Jahre später, 2011, dann bereits ein kranker Mann, wurde er schliesslich beigezogen, ohne sich nunmehr an etwas zu erinnern, einzig daran, dass er von der Organisation einen guten Eindruck hatte.

Dr. Mario Pierotti war während drei Jahren, 1999 bis 2002, Direktor der Sogevalor, Mitglied des Investitionskomitees, aktiver Architekt (aktiv

43 Protokoll der Einvernahme von Rodolfo Oechslin vom 10. August 2004, S. 7 und 8.

44 Vgl. Protokoll Einvernahme D.E. vom 23. August 2004, S. 2.

45 Einvernahme Mario Pierotti vom 2. Dezember 2011, S. 3 und 5.

im Zusammenhang mit der Erlangung der Effektenhändlerlizenz und Strategie der Neuausrichtung der Sogevalor). Er war nach seinem Ausscheiden weiterhin Konsulent und trat 2003 wieder ein. Er wurde gerade einmal während insgesamt viereinhalb Stunden einvernommen, ohne dass ihm auch nur eine einzige kritische Frage gestellt wurde. Und dies, obwohl der Rapport von D&T sagt, seine Rolle sei im Dunkeln gelegen (siehe Seite 24/25). Auch er wurde Jahre später nochmals einvernommen, die Fragen stellte hauptsächlich die Verteidigung.

Die Gebrüder Aldo und Gianfranco Matteuzzi wurden befragt und in Untersuchungshaft genommen. Gianfranco war Chef der Buchhaltung und Administration und damit zweifellos eine zentrale Figur um seinen flüchtigen Bruder Pierpaolo herum. Hierarchisch unterstand er Direktor Pierotti, und später war er Mitglied der Direktion (vgl. Organigramm, Seite 27).
Es erfolgten in diesem Zeitraum zahlreiche weitere Einvernahmen des Personals der Sogevalor – Sachbearbeiter, Sekretärinnen usw. – sowie von Kunden, Geschäftspartnern usw.
Der Tessiner Michele Ortelli, der leitende Revisor der Ernst & Young (der bankengesetzlichen Revisionsstelle Ernst & Young Wirtschaftsprüfungsgesellschaft), der über all die Jahre vorbehaltlos die Jahresrechnungen zur Abnahme empfahl und in verschiedenen Spezialberichten die Ordnungsmässigkeit der Sogevalor, ihrer Buchhaltung und Organisation und der Investitionen bestätigte, wurde am 25. August 2004 gerade einmal, immerhin während zehn Stunden, befragt
Sehr schonend wurde der Tessiner Paolo Francopagni, interner Revisor und Verfasser des nach seinen eigenen Worten sinnlosen Berichts, in einer zweieinhalbstündigen Einvernahme am 18. August 2004 behandelt. Nicht einvernommen wurde naturgemäss der flüchtige Architekt der vorgeworfenen Straftaten, Pierpaolo Matteuzzi. Ihn zur Fahndung auszuschreiben hielt die Staatsanwaltschaft für nicht nötig. Er wurde dann acht Jahre später rogatorisch[46] einvernommen.

46 Im internationalen Bereich bedeutet eine rogatorische Einvernahme die Einvernahme in einem andern Staat als in demjenigen, in welchem das Hauptverfahren durchgeführt wird.

Auch wurden weder das Verwaltungsratsmitglied Pier Lodovico Pierotti, der anfänglich als versierter Finanzfachmann eine zentrale Rolle spielte, noch die entscheidenden Berater jener Zeit, die Anwälte Postizzi und Giudici, Rechtsanwalt VELO oder Mitarbeiter seiner Anwaltskanzlei, noch Staatsanwalt Meli einvernommen.
Von diesen anfänglich in den Jahren 2004 und 2005 nicht einvernommenen Personen wurde wie erwähnt lediglich Pier Lodovico Pierotti später, nämlich 2012, einvernommen.

Schon diese erste Phase der Untersuchung war willkürlich und einseitig und völlig unvollständig: Gewisse Personen, die als Organe oder Berater in wichtigen Funktionen tätig waren – in Bereichen, in denen mir später Vorwürfe gemacht wurden –, wurden nicht oder nur ganz summarisch einvernommen, ohne sie mit den Akten, die ein völlig anderes Bild ergaben, zu konfrontieren, so z.B. im Fall von Fausto Arnaboldi, dem «vecchio pensionato», oder Dr. Mario Pierotti. Letzterer war während der ganzen Zeit in leitender, ja, zum grössten Teil in oberster exekutiver Funktion für die Gesellschaft tätig gewesen. Und auch der operativ tätige Fausto Arnaboldi wurde mehr als schonend behandelt.

Im Frühjahr 2005 stoppten die Einvernahmen.

4.3 Das Schweigen der Staatsanwälte

Nach dem 24. März 2005 wurden über fünf Jahre keine weiteren Untersuchungshandlungen vorgenommen, wurden die bisher nicht einvernommenen Organe und Berater nicht vorgeladen, wurden die unvollständigen und widersprüchlichen Aussagen nicht hinterfragt und nicht untersucht. Nein, es erfolgten nach 2005 – «der ersten Phase» – keine weiteren ernsthaften Untersuchungshandlungen mit Ausnahme der Einvernahme von Dr. Bizzozero am 12. Juni 2009 während einer guten Stunde und von André Kowalsky vom 21. Dezember 2009 während zwei Stunden.[47] Diese waren seinerzeit zuständige Sachbearbeiter der Bankenkommission bei der Erteilung der Bankenlinzenz gewesen oder unmittelbar danach. Sonst erfolgte keine Einvernahme oder Untersuchungshandlung bis 2010, nicht eine einzige. Was sich in dieser Zeit hinter den grauen Mauern des Palazzo di Giustizia abspielte, wird man wohl nie wissen.

Zwischenzeitlich hatte Maria Galliani die Stelle als Staatsanwältin 2008 verlassen, und Fiorenza Bergomi hatte den «Fall» übernommen, aber **auch dann erfolgte keine einzige Untersuchungshandlung**.

4.4 Ruhe vor dem Sturm

Staatsanwältin Galliani hatte bei meiner letzten Einvernahme am 24. März 2005 wie dargestellt durchblicken lassen, dass sie mich nicht für schuldig hielt, klagte mich aber dessen ungeachtet der ungetreuen Geschäftsbesorgung an. Trotzdem beruhigte mich ihre Auffassung und drängte auch bei mir die Angelegenheit in den Hintergrund. Doch **diese Ruhe war trügerisch**, denn auf der politischen Bühne und innerhalb der Staatsanwaltschaft geschah einiges, allerdings erst fünf Jahre später.

4.5 Die Anfrage von Grossrat Lorenzo Quadri im Tessiner Grossen Rat (Kantonsparlament) im April 2010

Am 1. April 2010 startete Grossrat Lorenzo Quadri (heute Nationalrat und Stadtrat von Lugano) eine Anfrage an den Staatsrat (kantonale Regierung), die Antwort verlangte über die schleppende Strafuntersuchung in bestimmten Wirtschaftsdeliktsfällen, insbesondere im Fall der konkursiten Sogevalor. Dabei erhob er Vorwürfe, dass gewisse Bagatellfälle und Fälle gegen bestimmte politische Exponenten dagegen sofort und rasch behandelt würden, wogegen z.B. der Fall Sogevalor

47 Protokoll der Einvernahme von Bizzozero vom 12.6.2009, Protokoll Einvernahme von Kowalsky vom 21.12.2009.

nicht vorankäme.[48] Damit gerieten die Regierung und auch die Staatsanwaltschaft unter Druck.

4.6 John Noseda, genannt der Sheriff, wird Generalstaatsanwalt

Wenig später, am 24. Juni 2010, wählte der Grossrat zudem einen neuen Generalstaatsanwalt für den Kanton Tessin in der Person des Rechtsanwalts John Noseda. Der Generalstaatsanwalt, der Procuratore Pubblico Generale, ist Leiter der Strafverfolgung im Kanton Tessin. Er handelt autonom im Rahmen des Gesetzes, verfolgt die Straftaten und entscheidet über Anklageerhebung oder Einstellung. Ihm zur Seite stehen zwei stellvertretende Generalstaatsanwälte, die von ihm ernannt werden. Einer von ihnen ist zuständig für «gewöhnliche», der andere für Wirtschafts- und Finanzdelikte; unter ihnen arbeiten zahlreiche weitere Staatsanwälte. Noseda ist ein bekannter linker Politiker im Tessin. Er wuchs in einer christlich-demokratischen Familie auf, wechselte dann in die Linkspartei der Autonomen Sozialisten, nach der Fusion verschiedener Linksparteien präsidierte er die SP und war ihr Fraktionschef im Grossen Rat (Kantonsrat).
Noseda war einige Jahre zuvor, 1999, als Favorit für die Nachfolge von Staatsrat Pietro Martinelli gehandelt worden, wurde dann aber nicht gewählt, was ihn gewaltig enttäuschte, worauf er für einige Zeit in der politischen Versenkung verschwand und sich auf seine Anwaltstätigkeit konzentrierte. John Noseda ist bekannt für seine aggressive Art und wurde dafür auch schon kritisiert. Man nennt ihn hin und wieder **«Lo sceriffo del Ticino»**.[49]

Auf den 1. Januar 2011 trat er sein Amt an.Vorher war er der Verteidiger von RA Giorgio Bernardoni gewesen, dem Vizepräsidenten des Verwaltungsrats der Sogevalor.

48 www.tio.ch, notizia del 2.4.2010, Testo dell'interrogazione, segreteria Gran Consiglio 1.4.2010/64.10, pagina 1066.
49 mattinonline.ch, 22. Oktober 2012.

4.7 Rochade in der Staatsanwaltschaft

Fiorenza Bergomi hatte 2008 nach dem Ausscheiden von Maria Galliani aus der Staatsanwaltschaft den «Fall» Sogevalor übernommen. Sie wollte 2010 den Hut nehmen und sich verabschieden. Der «Fall» Sogevalor sollte nun von Christina Maggini übernommen werden. Diese war eine Zeit lang für RA Brunetti tätig gewesen, welcher einen Privatkläger im Fall Sogevalor vertrat. Mein Anwalt und ich waren der Meinung, dass dies nicht angehe und machten eine Ablehnung der neuen Staatsanwältin geltend. Christina Maggini hatte zwar den Generalstaatsanwalt vorgängig darüber informiert, doch der «Sheriff» sah darin nichts Rechtswidriges. Er hatte ja früher auch RA Bernardoni vertreten! Das Gericht hat dann dem Ablehnungsbegehren trotzdem stattgegeben, und der Fall ging wieder an Fiorenza Bergomi,[50] die natürlich keine Sympathie für mich entwickelte und sich entsprechend verhielt. Der Rachefeldzug gegen mich hat sich letztlich für sie gelohnt, wie sich später zeigen sollte: Sie wurde befördert und ist heute Richterin am Bundesstrafgericht in Bellinzona.
Die Eingabe an das Gericht betreffend die Ablehnung Christina Magginis wurde übrigens nicht mehr von meinem damaligen Anwalt Mario Patocchi unterzeichnet. Warum?

4.8 Rechtsanwalt Mario Patocchi unter massivem Druck und sein Ausscheiden im Februar 2010

Anwalt Mario Patocchi und ich hatten noch die Eingabe über die Ablehnung von Christina Maggini besprochen, ein erster Entwurf lag vor. Dann lud mich Patocchi zu einer Besprechung ein und teilte mir mit: «Seien Sie vorsichtig, passen Sie auf. Gegen Sie braut sich in der Staatsanwaltschaft etwas zusammen. Ich kann Sie leider nicht mehr vertreten und bin gezwungen, das Mandat niederzulegen. Sie müssen verstehen, meine Frau arbeitet ja auch bei der Staatsanwaltschaft.» Davon, dass ursprünglich die Frau und ihre Arbeit in der Staatsanwaltschaft kein Problem sei, war keine Rede mehr. Ich spürte,

50 Vgl. Ticinonews 6.4.2011.

dass Patocchi unter massivem Druck stand und sich alles andere als wohl fühlte. Es war, wie wenn vor einem aufziehenden Gewitterregen die Schirme eingezogen werden.
Er formulierte dann trotzdem noch die Eingabe zur Ablehnung von Christina Maggini fertig, und ich reichte sie in eigenem Namen an die «Camera di reclami penali» ein, die mir, erstaunlicherweise, Recht gab.

4.9 Die wiedereingesetzte Staatsanwältin Bergomi

Unter diesem politischen Druck und unter der Ägide des «Sceriffo» begann die Staatsanwaltschaft in der Person von Fiorenza Bergomi zu agieren – und wie!
Fiorenza Bergomi war 2001 als Staatsanwältin gewählt worden. Eine gewisse Berühmtheit erlangte sie wegen ihres Vorgehens gegen die Lega. Differenzierte juristische Analyse ist ihre Sache nicht, aggressives Vorgehen schon eher, man nennt sie deshalb auch «Aquila», was dem «Sheriff» sehr entgegenkam. Sie ist bekannt für «i due pesi e le due misure,[51] was bedeutet, dass sie mit verschiedenen Ellen misst. Diesem Ruf ist sie im vorliegenden Verfahren mit Bravour gerecht geworden.

Die Wiederaufnahme der «Untersuchungshandlungen» unter politischem Druck

Unter diesem aufgebauten Druck ging es nun darum, den Fall Sogevalor vor die Schranken zu bringen. **Es ging längst nicht mehr um Gerechtigkeit, sondern um Sieg oder Niederlage der Staatsanwaltschaft.**

Diese Haltung ist bei Strafverfolgungsbehörden nicht unüblich; sie wird treffend geschildert von John Grisham im Roman «The Rouge Lawyer»:

> *...Like so many, this trial is not about the truth; it is about winning; Huver must fabricate and lie and attack the truth as if he hates it.*
>
> *John Grisham, «Rogue Lawyer»*

51 mattinonline.ch, 29. Oktober 2013; vgl. auch weitere Presseartikel, z.B. Il Mattino a.a.O.

Übersetzung:

Wie so oft handelt dieses Gerichtsverfahren nicht von der Wahrheit, nein, es geht ums Siegen. Huver (der Staatsanwalt) muss täuschen und lügen und die Wahrheit angreifen, als ob er sie hasste.

Dabei war ich als Verwaltungsratspräsident der Gesellschaft ein willkommenes Ziel: Deutschschweizer und Zürcher, eine mehr als willkommene Zielscheibe; zudem hatte ich noch die Frechheit gehabt, Staatsanwältin Maggini abzulehnen.

4.10 Runde zwei der Untersuchungen: Die Wiederaufnahme der sogenannten Untersuchung

Die Intervention von Lorenzo Quadri war am 1. April 2010 erfolgt (wenige Wochen nach dem Rücktritt meines damaligen Anwalts Patocchi) und – oh Wunder – drei Wochen später, am 23. April 2010, wurde Rodolfo Oechslin erneut einvernommen: Die Maschinerie war gestartet worden. Es folgten nun die Einvernahmen: Giorgio Bernardoni am 25. und 27. August 2010, Gianfranco Matteuzzi am 7. September, Giorgio Bernardoni am 9. und 29. September, Rodolfo Oechslin am 21. Dezember, dann 2011 Giorgio Bernardoni am 1. und 18. März, Rodolfo Oechslin am 21. März, Gianfranco Matteuzzi am 22. Juli und Otto Carl Meier am 19. Juli und 3. August, zwei Tage nach dem Nationalfeiertag der Schweiz, dem Land, für das ich vier Jahre Militärdienst geleistet hatte! In dieser letzten Einvernahme eröffnete mir Staatsanwältin Fiorenza Bergomi, dass die Anklage gegen mich erweitert worden sei und ich nicht nur der ungetreuen Geschäftsbesorgung (Art. 158 StGB), sondern auch der Misswirtschaft (Art. 165 StGB) angeklagt würde.
Nach wie vor waren Pierpaolo Matteuzzi und die Berater nicht einvernommen worden. Einzig zusätzlich einvernommen von Staatsanwältin Bergomi wurde Pier Lodovico Pierotti.
Bei den Revisoren Michele Ortelli der Wirtschaftsprüfunggesellschaft Ernst & Young und Paolo Francopagni blieb es bei den summarischen Einvernahmen von 2004 und 2005.
Fausto Arnaboldi – man erinnert sich: geschäftsführender Verwaltungsrat, teilweise mit der Leitung der Direktion beauftragt –, wurde

im November 2011 nochmals einvernommen (allerdings einzig und allein, weil mein Anwalt dies verlangt hatte, wie die Staatsanwältin gleich zu Beginn festhielt – wohl, um sich zu entschuldigen, dass der Tessiner Ex-Generaldirektor des Schweizerischen Bankvereins für das Tessin nochmals belästigt wurde! Die Staatsanwältin stellte denn auch keine einzige relevante Frage in dieser Einvernahme. Neben meinem Verteidiger stellte noch ein anderer Anwalt eines Beschuldigten einige Fragen.

Auch **Lorenzo Arnaboldi,** ehemaliger Direktor der Sogevalor, wurde in dieser zweiten Runde nochmals einvernommen, am 20. März 2012, für eine halbe Stunde; auch hier stellte Staatsanwältin Bergomi keine einzige Frage!

Ebenfalls nochmals vorgeladen wurde der ehemalige Generaldirektor **Mario Pierotti** am 2. Dezember 2011. Staatsanwältin Bergomi stellte eine einzige Frage, die im Übrigen aktenwidrig beantwortet wurde und auf sieben Zeilen protokolliert ist. Die aktenwidrigen Antworten wurden von der Staatsanwältin nicht hinterfragt, wahrscheinlich hatte sie die Akten gar nicht gelesen. Die übrigen Fragen stellte mein Verteidiger, die Antworten umfassen viereinhalb Seiten, und die Einvernahme dauerte vier Stunden.

Schliesslich wurde am 13. Januar 2012 der ehemalige Verwaltungsrat und Finanzfachmann **Pier Lodovico Pierotti** während einer einzigen Stunde einvernommen. Er war krank und erinnerte sich praktisch an nichts mehr. Seit den fraglichen Ereignissen waren immerhin mittlerweile zwölf Jahre verstrichen.

Das Ganze war absurd. Meine erneuten Einvernahmen vom 19. Juli und 3. August 2011 durch die Staatsanwältin hatten sich um die gleichen Problemkreise wie die früheren Einvernahmen von Maria Galliani gedreht.

Eigentlich waren es immer die gleichen Problemkreise:

1. *Die Behauptung, die Investmentfonds seien benutzt worden, um mit neuen Klienten alte zu entschädigen.*
2. *Die Klienten seien über ihre Kontostände nicht richtig informiert worden.*

3. *Die Sogevalor AG und die Dumont Ltd seien unter der Kontrolle von Pierpaolo Matteuzzi und Rodolfo Oechslin gestanden.*
4. *Die Situation ab 2002 sei gefährlich/verdächtig gewesen, da die Vergütungen für Konsulenztätigkeit (oder Retrozessionen) die Erträge aus der Vermögensverwaltung überstiegen hätten.*
5. *Bei all dem hätte ich mitgewirkt oder es gewusst und bewusst geduldet.*

Das alles hatte ich schon in meinen früheren Einvernahmen widerlegt und insbesondere auf die Rolle des Präsidenten, des Verwaltungsrats im Allgemeinen und die Organisationsstruktur der Gesellschaft hingewiesen. All das wurde dann auch im Verfahren vor Gericht von meinem Anwalt nochmals eindeutig und deutlich dargelegt.
Insgesamt war ich viermal einvernommen worden: Am 23. August 2004 während zwölf Stunden, am 24. März 2005 während achteinhalb, am 19. Juli 2011 während fünfeinhalb und am 3. August 2011 während zweieinhalb Stunden.

5 Die verschiedenen Massstäbe der Staatsanwaltschaft

In George Orwells bekanntem Werk «Animal Farm» (Farm der Tiere) heisst es: «Alle Tiere sind gleich, aber manche sind gleicher.» Für Staatsanwältin Bergomi hiess es, alle Mitglieder der Geschäftsleitung der Sogevalor und des Verwaltungsrats sind gleich, aber einige sind gleicher als die andern.

George Orwell, Farm der Tiere: «Alle Tiere sind gleich, aber manche sind gleicher.»

5.1 Die selektiven und unterschiedlichen Einvernahmen der Mitglieder des Verwaltungsrats und der obersten Geschäftsführung

Gegen bestimmte Personen wurde entweder gar nicht oder nicht ernsthaft ermittelt:
Verwaltungsratsmitglied (seit 2000) und Mitglied des Investment-Komitees, **Fausto Arnaboldi**, der ein Büro in der Sogevalor besass, das er regelmässig nutzte und der ein Jahressalär von 170 000 Franken plus Bonus bezog, wurde am 17. August 2004 kurz während dreieinhalb Stunden befragt und am 27. Oktober 2011 – auf Verlangen der Vertei-

digung! – während dreieinviertel Stunden. Seine Aussagen wurden nie hinterfragt, obwohl sie widersprüchlich waren.
Die gesamten Einvernahmeprotokolle von Fausto Arnaboldi umfassen zusammen acht Seiten. Die zweite Einvernahme von 2011 hätte nie stattgefunden, wäre sie nicht von meinem Anwalt verlangt worden.
Als ehemaliger Chef des Bankvereins Tessin war Arnaboldi besonders qualifiziert, hatte eingehende spezifische Kenntnisse der Materie und allgemein von einer Bank oder bankähnlichen Organisation. Seine Aussage, er habe sich nur mit den von ihm oder seinen Söhnen eingebrachten Klienten befasst, ist unglaubwürdig. Ausserdem war er Aktionär und Verwaltungsrat des Gesamtunternehmens Sogevalor und nicht eines Teilbereiches. Er hat 2000/01 die Direktion koordiniert, und zwar des Gesamtunternehmens Sogevalor AG, und er war Mitglied des Investitionsausschusses.[52] Aber er war eine bekannte Tessiner Persönlichkeit und damit für Staatsanwältin Bergomi per se unverdächtig (je nach Massstab eben).

Pier Lodovico Pierotti war Verwaltungsrat bis im Jahr 2000 und damit auch in der Zeit, die von der Staatsanwaltschaft als deliktsbegründend angesehen wurde. Er hatte es unternommen, dem internen Revisor Paolo Francopagni die notwendigen Instruktionen für den Prüfungsauftrag gemäss Verwaltungsratsbeschluss vom Oktober zu erteilen (vgl. Seite 36 ff.). Er war ein Finanzfachmann der Agnelli-Gruppe gewesen und verfügt über besondere Qualifikationen in jenem Bereich.[53]
Er wurde erst 2012, d.h. zwölf Jahre nach seinem Ausscheiden und dreizehn Jahre nach dem – gemäss Anklage – Beginn der kritischen Ereignisse, einvernommen, nämlich am 13.1.2012 während eineinviertel Stunden (Protokoll, 3 Seiten). Immerhin sagt er da, dass er während seiner Zeit ab Januar 1999 bis 2000 keine Unstimmigkeiten gesehen habe und dass er den Eindruck hatte, die Gesellschaft werde von qualifizierten Leuten geführt und habe eine gute Zukunft.

---

52 Zeugenaussage M.d.A., Protokoll vom 16. August 2004, S. 5.
53 Vgl. u.a. La Republica, 14. Oktober 1984 (www.larepublica.it).

Dr. Mario Pierotti, eingetreten am 4.2.1999, war Generaldirektor und als solcher jahrelang für das Tagesgeschäft verantwortlich. Bis Frühjahr 2002 war er an jeder Verwaltungsratssitzung anwesend und führte das Protokoll. Er war Mitglied und teilweise Präsident des Direktions- und Mitglied des Investitionsausschusses. Am 25.4.2002 trat er formell aus der Geschäftsleitung aus, blieb aber mit der Gesellschaft verbunden. Bereits im Herbst diskutierte der VR über seinen Wiedereintritt (siehe Seite 53), und er nahm bereits wieder Einsitz in den Direktions- und den Investitionsausschuss. Seine Tätigkeit bei der Banque de Crédit et de Dépôt, bei der er zwei Tage nach dem Ausscheiden aus der Sogevalor am 30.4.2002 eingetreten war, war von kurzer Dauer, nach einem Jahr, am 2.5.2003, erfolgte dort sein Austritt. Im Jahr 2003 war Pierotti wieder in die Sogevalor zurückgekehrt.[54] Er befasste sich ernsthaft mit dem Gedanken, wieder Aktien zu erwerben.[55] Per 1.5.2004 wurde er wieder zum Direktor ernannt.[56] Vgl. zur Rolle Pierottis auch vorne, Seite 21 ff. und Kapitel *Zeitraum Frühjahr 2002 bis Sommer 2003,* Seite 53 ff. Von Pierotti liest man im Bericht von Deloitte & Touche, dass seine Aktivität «im Dunkeln lag». Galliani vernahm ihn am 26.8.2004 während viereinhalb Stunden, das ist auf sieben Seiten protokolliert. Staatsanwältin Bergomi ordnete eine Einvernahme an am 2.12.2011, drei Stunden und 40 Minuten. Sie stellte praktisch keine Fragen; Fragen erfolgten nur von der Verteidigung.

Lorenzo Arnaboldi, Generaldirektor. Seine erste Einvernahme am 20.8.2004 dauerte zweieinviertel Stunden (!!!), Protokoll sechs Seiten. Seine zweite Einvernahme vom 20.3 2012 war von der Verteidigung verlangt worden. Sie dauerte eine halbe Stunde, während welcher lediglich die Verteidigung eines Beschuldigten Fragen stellte, Staatsanwältin Bergomi dagegen keine einzige Frage hatte (Lorenzo Arnaboldi war immerhin Direktor von November 2000 bis 2003). Er hatte eine Direktionsfunktion auch in der von seinem Vater Fausto Arnaboldi und Mario Pierotti in der Verwaltungsratssitzung vom 5.12.2001 (siehe Seite 50 ff.)

54 Einvernahme B.P. vom 10. September 2004, S. 4.
55 Vgl. Einvernahme M. Pierotti vom 2. Dezember 2011, Seite 3.
56 Revisionsrapport Ernst & Young für das Jahr 2003, S. 10.

vorgeschlagenen und durchgesetzten Organisationsstruktur. Keinesfalls war es so, dass sich seine Tätigkeit auf die Zelle Arnaboldi (d.h. die von Arnaboldis eingebrachten Klienten) beschränkte, wie er in seinen Einvernahmen darzulegen versuchte (hatte er doch seine Direktionsfunktion in der Gesamtunternehmung Sogevalor AG); zudem war er zusammen mit seinem Vater und anderen auch Mitglied des Investitionskomitees. Immerhin bezog er mindestens 130 000 Franken als Salär.[57]

In der insgesamt zweidreiviertel Stunden dauernden Einvernahme, an der die Anklage erhebende Staatsanwältin ihm nicht eine einzige Frage stellte, wurden seine diesbezüglichen, im Widerspruch zu den Akten stehenden Aussagen – so zum Arbeitsvertrag und zu den Organigrammen – nie kritisch hinterfragt (u.a. der Arbeitsvertrag). Wahrscheinlich hatte Bergomi die Akten gar nie gelesen. Sie hatte ja bereits ihren Sündenbock in der Person des Deutschschweizers und Zürcher Anwalts, des Präsidenten des Verwaltungsrats. Wozu sich mit einem Tessiner, noch dazu dem Sohn des bekannten Bankers Arnaboldi, anlegen?

Michele Ortelli, leitender Revisor, besonders befähigter Revisor nach bankengesetzlichen Vorschriften: Eine Einvernahme durch Staatsanwältin Galliani erfolgte am 25.8.2004 während elf Stunden. Ortelli war bei Neutra AG und später nach deren Übernahme bei Ernst & Young leitender Revisor, er hat massgeblich mitgewirkt bei Sogevalor im Verfahren zur Erlangung der Effektenhändlerlizenz und im Auftrag der Bankenkommission verschiedene Spezialrapporte über die Sogevalor angefertigt, unter anderem den Rapport vom Oktober 2003, in welchem er die einwandfreie Geschäftsführung der Sogevalor und die Werthaltigkeit der von Dumont Investment verwalteten Fonds Tissera und Global bestätigte. Während dieser ganzen Zeit hat er keine Vorbehalte gegenüber der Rechnungslegung angebracht und die Organisation im Wesentlichen als einwandfrei geschildert. Bei der einmaligen Einvernahme des Tessiner Revisors blieb es, auch er wurde geschont.

57 M.d.A., Einvernahmeprotokoll vom 16. August 2004, S. 5.

Das Gleiche gilt für den Tessiner **Paolo Francopagni,** den Verfasser des nach seinen eigenen Worten sinnlosen Rapportes zu Handen des Verwaltungsrats, für den er fürstlich entschädigt wurde (siehe Seite 36).

5.2 Die Untersuchungshandlungen und die Bewertung der Untersuchungen durch Staatsanwältin Bergomi

Der flüchtige Pierpaolo Matteuzzi wurde noch immer nicht ausgeschrieben, sondern erst auf Drängen der Verteidigung im Jahr 2011. Wie oben dargestellt, hat Bergomi keine ernsthaften weiteren Untersuchungen angestellt, insbesondere was die oberste Geschäftsleitung und den Verwaltungsrat sowie die Revisionsorgane betrifft.
Ihr eigenes «Urteil» hatte sie sich bereits bei der Übernahme des Falles 2011 gemacht. Sie bemühte sich nicht effektiv, weitere, breitere Abklärungen zu treffen, sie persönlich stellte dem geschäftsführenden Verwaltungsrat Fausto Arnaboldi keine einzige Frage, ebensowenig seinem Sohn, dem Direktor Lorenzo Arnaboldi. Dem langjährigen Generaldirektor Mario Pierotti stellte sie persönlich ebenfalls keine einzige Frage, mit einer Ausnahme.

Wenn man die eindeutig in die unlauteren Machenschaften involvierten Personen ausklammert, nämlich Pierpaolo Matteuzzi und Rodolfo Oechslin sowie Gianfranco und Aldo Matteuzzi, so ergibt sich betreffend der Intensität der Befragungen folgendes Bild:

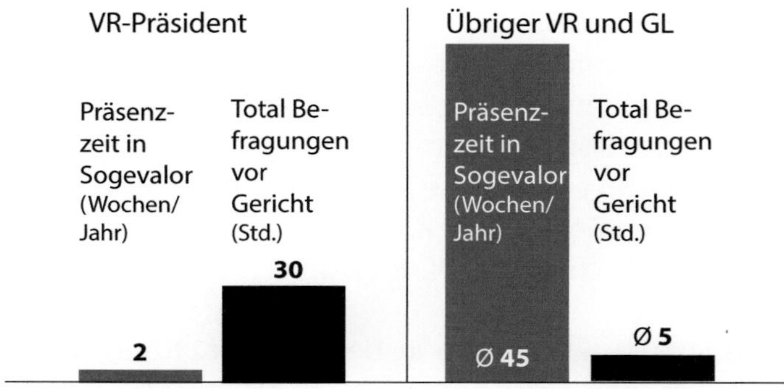

Abgesehen von Giorgio Bernardoni, der zweifellos stark in die «Geschäfte» der Sogevalor involviert war und eigene Klienten hinterging sowie an weiteren Ungereimtheiten beteiligt war, wie vorstehend gezeigt wurde, ergibt sich das Bild, dass der Verwaltungsratspräsident, der mit der Teilnahme und Organisation der drei bis fünf Verwaltungsratsssitzungen pro Jahr, mit der kleinsten Entschädigung, welcher am weitesten vom Geschehen entfernt war, von der Staatsanwaltschaft, insbesondere von Staatsanwältin Bergomi, die die Anklage erweitert hatte, am meisten in die Mangel genommen wurde. Sie stempelten ihn, den Deutschschweizer und Zürcher Anwalt, zum Sündenbock. Er wurde als Einziger der ungetreuen Geschäftsbesorgung gegenüber der Sogevalor angeklagt.

Getreu dem Tessiner Slogan **prima i nostri** schonte Bergomi in erster Linie die Tessiner: die beiden Arnaboldis, den Revisor Ortelli und den internen Revisor Francopagni, ganz abgesehen davon, dass der flüchtige Pierpaolo Matteuzzi, Hauptangeklagter, unbehelligt blieb.
Der Slogan «prima i nostri», die Unsrigen zuerst, war im Zusammenhang mit dem Kampf gegen die italienischen Grenzgänger 2016 kreiert worden; doch diese Devise gilt schon lange: Insbesondere die Lega dei Ticinesi hatte sie sich seit den 90er-Jahren auf die Fahne geschrieben (vgl. auch hinten Seite 96). Von der Demontage des VR-Präsidenten hin zum Sündenbock profitierten dann auch die beiden Pierottis.

In diesem Geiste handelte Staatsanwältin Fiorenza Bergomi:
- Das Messen mit verschiedenen Ellen war ihr nicht fremd.
- Den Hauptfeind hatte sie schnell konstruiert, weitere Einvernahmen von Substanz erübrigten sich daher und fanden auch nicht statt, geschweige denn eine seriöse Analyse der Fakten.
- Es ging nicht um Gerechtigkeit, sondern um den Sieg, politisch war die Staatsanwaltschaft unter Erfolgsdruck.

Warum die Staatsanwältin sich insbesondere auf den Verwaltungsratspräsidenten, den Zürcher Anwalt, eingeschossen hatte, darüber kann man nur mutmassen. Litt die Staatsanwältin unter dem «Tessiner

Trauma», das offenbar heute immer noch teilweise hervorbricht, obwohl im Tessin seit Jahrhunderten keine Deutschschweizer «balivi», «landfogti» oder «capitani regenti» mehr hausen.[58]

Der Landvogt von Mendrisio in seiner Residenz. Aquarell von Hieronymus Holzach, 1774 (Kunstmuseum Basel).

Generell gilt: Im Anklagestadium fehlt es an Transparenz. Wer angeklagt und vor allem wer nicht angeklagt wird, entscheidet die Staatsanwaltschaft. Diese geheime Vorselektion wird nicht durchleuchtet.[59] Ein exemplarisches Beispiel dafür ist der hier beschriebene Fall der Sogevalor AG.

Für Staatsanwältin Bergomi ging die Rechnung auf, sie machte Karriere, wie wir noch sehen werden.

---

58 Während Jahrhunderten bestand das Tessin aus ennetbirgischen Vogteien der Deutschschweizer Kantone; ein Beispiel dafür war die Landvogtei Mendrisio; Waltraud Hörsch, im Historischen Lexikon der Schweiz, Stichwort Landvogt; vgl. auch O. Weiss, die tessinischen Landvogteien der XII Orte im 18. Jahrhundert, 1914 (Nachdruck 1984), O. Camponovo, Sulle strade regine del Mendrisiotto, 1958, Barbara Hofmann, das Trauma der Tessiner, NZZ am Sonntag, 13. November 2016.

59 Vgl. dazu «Richten im Lichte der Öffentlichkeit», Markus Felber, NZZ am Sonntag, 28. Februar 2018, S. 18.

6 Die Anklage

6.1 Die Anklage gegen mich als ehemaliger Verwaltungsratspräsident

Im Mai 2012 erhob Staatsanwältin Bergomi Anklage – gegen Gianfranco Matteuzzi, Rodolfo Oechslin, Giorgio Bernardoni und mich. Gegen den Verwaltungsratspräsidenten wegen ungetreuer Geschäftsbesorgung und Misswirtschaft. Die Begründung der Anklage geht einerseits aus der schriftlichen Anklage vom 24. Mai 2012 und anderseits aus dem Plädoyer der Staatsanwältin in der Verhandlung vor dem Strafgericht in Lugano vom 22. November 2012 hervor. Die entscheidenden Punkte werden im Folgenden wiedergegeben.

Der Tatbestand der ungetreuen Geschäftsbesorgung ist in Art. 158 des Strafgesetzbuches (STGB) geregelt und bedeutet im Wesentlichen:

> *Wer mit der Verwaltung des Vermögens einer Drittperson betraut ist und dabei unter Verletzung seiner Pflichten zulässt, dass diese Drittperson am Vermögen geschädigt wird, wird mit Freiheitsstrafen bis zu drei Jahren oder mit Busse bestraft.*[60]

Die Misswirtschaft ist in Art. 165 StGB geregelt und besagt im Wesentlichen:

> *Wer durch Misswirtschaft, namentlich ungenügende Kapitalausstat-*

---

60 Wörtlich heisst es: Ungetreue Geschäftsbesorgung
1. Wer aufgrund des Gesetzes, eines behördlichen Auftrages oder eines Rechtsgeschäfts damit betraut ist, Vermögen eines andern zu verwalten oder eine solche Vermögensverwaltung zu beaufsichtigen, und dabei unter Verletzung seiner Pflichten bewirkt oder zulässt, dass der andere am Vermögen geschädigt wird, wird mit Freiheitsstrafe bis zu drei Jahren oder Geldstrafe bestraft.
Wer als Geschäftsführer ohne Auftrag gleich handelt, wird mit der gleichen Strafe belegt.
Handelt der Täter in der Absicht, sich oder einen andern unrechtmässig zu bereichern, so kann auf Freiheitsstrafe von einem Jahr bis zu fünf Jahren erkannt werden.

tung, gewagte Spekulationen, Verschleudern von Vermögenswerten die Gesellschaft in Überschuldung führt und in den Konkurs, wird mit bis zu fünf Jahren Freiheitsstrafe oder mit einer Busse bestraft.[61]

Im Anklagepunkt der ungetreuen Geschäftsbesorgung wird mir nicht etwa vorgeworfen, ich hätte Kunden der Sogevalor geschädigt, da ich ja offensichtlich die Vermögen der Kunden nie verwaltet und damit mit Sicherheit dieses auch nicht geschädigt hatte, sondern es wird mir vorgeworfen, ich hätte das eigene Vermögen der Gesellschaft, der Sogevalor, geschädigt. Eine solche Schädigung der Gesellschaft wäre dann entstanden, wenn sie (die Gesellschaft) für einzelne oder alle Gesellschaftsgläubiger im von der Bankenkommission angeordneten Konkurs verantwortlich gewesen wäre und dafür mit ihrem eigenen Vermögen für diese Verluste hätte einstehen müssen. Ich und wohl auch andere Mitglieder des Verwaltungsrats hatten aber eine solche Entwicklung nicht vorausgesehen und – was mich betrifft – auch gar nicht voraussehen können. Wir wussten ja von den Schädigungen an den Kundenvermögen durch die Herren Rodolfo Oechslin und Pierpaolo Matteuzzi nichts. **Und diese Schädigungen der Kundenvermögen waren ja auch von der Revisionsgesellschaft weder entdeckt noch gerügt worden,** wie in den vorstehenden Kapiteln dargelegt wurde.

Der Vorwurf ungetreuer Geschäftsbesorgung mir gegenüber enthält keine konkreten Vorwürfe und umfasst ungefähr eine A4-Seite. Ich

---

61 Wörtlich lautet die Bestimmung wie folgt:
Misswirtschaft

1. Der Schuldner, der in anderer Weise als nach Artikel 164, durch Misswirtschaft, namentlich durch ungenügende Kapitalausstattung, unverhältnismässigen Aufwand, gewagte Spekulationen, leichtsinniges Gewähren oder Benützen von Kredit, Verschleudern von Vermögenswerten oder arge Nachlässigkeit in der Berufsausübung oder Vermögensverwaltung, seine Überschuldung herbeiführt oder verschlimmert, seine Zahlungsunfähigkeit herbeiführt oder im Bewusstsein seiner Zahlungsunfähigkeit seine Vermögenslage verschlimmert, wird, wenn über ihn der Konkurs eröffnet oder gegen ihn ein Verlustschein ausgestellt worden ist, mit Freiheitsstrafe bis zu fünf Jahren oder Geldstrafe bestraft.

wurde als einziger Verwaltungsrat mit diesem Vorwurf konfrontiert, obwohl der ganze Verwaltungsrat (und die Geschäftsleitung) als Ganzes die Gesellschaft führte. Warum einzig der Verwaltungsratspräsident mit diesem Vorwurf konfrontiert wurde, bleibt das Geheimnis der Staatsanwaltschaft und der Gerichte, der Vorwurf ist aber auch materiell haltlos.[62]

Der Vorwurf der Misswirtschaft (cattiva gestione) mir gegenüber, für den ich zusammen mit dem Vizepräsidenten des Verwaltungrats Giorgio Bernardoni angeklagt wurde, umfasst eine knappe halbe Seite. Warum dieser Vorwurf – selbst wenn er gerechtfertigt wäre – nur gegenüber mir und Giorgio Bernardoni und nicht gegenüber den anderen Mitgliedern des Verwaltungsrats erhoben wurde, ist ebenso schleierhaft, genau wie beim vorstehend erwähnten Vorwurf der ungetreuen Geschäftsbesorgung gegenüber der Gesellschaft. Eine Erklärung dazu haben weder die Staatsanwaltschaft noch später die Gerichte abgegeben.[63]

6.2 Die Anklage gegen andere Mitglieder des Verwaltungsrats und der Geschäftsleitung

Neben mir wurden Rodolfo Oechslin und Giorgio Bernardoni als Mitglieder des Verwaltungsrats angeklagt; ferner ist gegen Gianfranco Matteuzzi – Finanzveranwortlicher und Chefbuchhalter im Direktionsrang – ein Strafbefehl von der Staatsanwaltschaft erlassen worden.

Keine Anklage erhoben wurde gegen den Verwaltungsrat und Finanzfachmann Pier Lodovico Pierotti und ebensowenig gegen den Verwaltungsrat und zeitweiligen Präsidenten der Direktion, Fausto Arnaboldi, und ebensowenig gegen die geschäftsführenden Diektoren Dr. Mario Pierotti und Lorenzo Arnaboldi.

---

62 Der Vorwurf ist enthalten in der Anklageschrift, S. 7, Anklagepunkt 4; er ist identisch mit der Anklage, wie sie im erstinstanzlichen Urteil auf S. 10/11, Anklagepunkt 4, wiedergegeben wird.

63 Der Vorwurf ist enthalten in der Anklageschrift S. 6, Anklagepunkt 3 und im gleichlautend wiedergegebenen Urteil 1. Instanz, Anklagepunkt 3, S. 10.

In der Anklageschrift sind die Vorwürfe gegenüber Giorgio Bernardoni, Rodolfo Oechslin und Gianfranco Matteuzzi im Einzelnen detailliert anhand von Tatsachen begründet:
Die Anklagen gegenüber Giorgio Bernardoni wegen qualifizierter ungetreuer Geschäftsbesorgung gegenüber den Kunden (und nicht gegenüber der Sogevalor), deren Vermögen er namens der Sogevalor selbst verwaltete, wurden mit konkreten Hinweisen und Tatsachenschilderungen untermauert. So habe er zum Beispiel am 22. März 2002 13 000 Franken, am 11. Juni 20 000 Franken und am 26. Februar 2003 erneut 20 000 Franken vom Konto einer Kundin abgehoben und am 30. April 2004 193 000 Euro zulasten einer anderen Klientin dem Konto derselben belastet. Ferner habe er Betrug begangen, indem er Kunden veranlasst habe, eineinhalb Millionen Franken auf das Konto der Dumont zu überweisen. Diese Art konkreter detaillierter Vorwürfe erstreckt sich über mehrere Seiten der Anklageschrift.
Die Vorwürfe des Betrugs und der Urkundenfälschung gegenüber Giorgio Bernardoni, Rodolfo Oechslin und Gianfranco Matteuzzi gemeinsam sind ebenfalls über viereinhalb Seiten unter Hinweis auf konkret behauptete Vorkommnisse untermauert.
Ebenso wird der Vorwurf der wiederholten Urkundenfälschung gegenüber Rodolfo Oechslin und Gianfranco Matteuzzi gemeinsam mit Hinweisen auf konkrete Sachverhalte abgehandelt, indem sie insbesondere den Kunden falsche, nämlich fabrizierte Kontenauszüge hergestellt und unterbreitet hätten.[64]

6.3 Die Begründung der Anklage gegen mich

Nach konkreten Vorwürfen wegen bestimmter Handlungsweisen von mir sucht man vergebens. Der Vorwurf geht dahin, ich hätte aufgrund der Verwaltungsratssitzungen vom Oktober und November 1999 erkennen müssen, dass Klienten hintergangen würden.

64 Anklageschrift S. 2 bis 6 und 7 bis 12, Urteil des Corte delle Assise Criminali, S. 6 bis 9 und 12 bis 19.

Die Staatsanwältin führte im Einzelnen zu meinen Lasten folgende Vorwürfe ins Feld:

«Meier ist in der Sogevalor seit 1981, und er war aktiv im Zusammenhang mit der Erlangung der Lizenz durch die Bankenkommission, und er wusste, dass Informationen unterschlagen wurden.»

Falsch und aktenwidrig: Richtig ist einzig, dass ich seit 1981 im Verwaltungsrat der Sogevalor sass, was für sich allein wenig aussagt. Die Entwicklung der Gesellschaft wurde in den vorstehenden Kapiteln im Detail aufgezeichnet.
Ich war zwar in der Anfangsphase in die Erstellung eines ersten Entwurfes des entsprechenden Gesuches an die Bankenkommission involviert. Als Verwaltungsratspräsident hatte ich lediglich einen ersten Grobentwurf erstellt bzw. das entsprechende Formular ausgefüllt als Vorbereitung für das mehrere Monate dauernde Verfahren zur Erlangung dieser Lizenz. Das Verfahren wurde von Generaldirektor Mario Pierotti mit der Revisionsstelle Ernst & Young in der Person des Herrn Ortelli und dem Anwaltsbüro VELO, Lugano und Genf, durchgeführt unter entscheidender Mitwirkung von Giorgio Bernardoni, der das genannte Anwaltsbüro auch ausgewählt hatte.

Sodann führt die Staatsanwältin aus:
«Es ist nicht glaubwürdig, dass man sich nicht seriös mit Francopagnis Rekonstruktion befasst hätte. Wenn diese Rekonstruktion vom Verwaltungsrat gewollt war, dann war das Minimum, dass man sich auch mit ihr seriös befasst. Die Realität ist, dass man es nicht sehen wollte. Dass er (Meier) es nicht sehen wollte. Die Alarmglocken hat er willentlich vorgegeben, nicht bemerkt zu haben. Er hat erklärt, dass er am Ende der Verwaltungsratssitzung vom November 1999 bezüglich der Fonds beruhigt war. Er dachte, dass Matteuzzi und Oechslin persönlich Verluste decken und Klienten entschädigen wollten, aber dies ist nicht üblich und Meier konnte nicht umhin, sich Fragen zu stellen oder zumindest zu verifizieren, ob dies auch so geschehen sei.
Das Mandat Francopagni war vom Verwaltungsrat gewollt worden, dessen Präsident er war.

Auch diese Behauptungen sind falsch: Der Verwaltungsrat hatte Francopagni beauftragt, die Rekonstruktion und die Antworten auf die Fragen zu erstellen. Für die Ausarbeitung des Rapportes brauchte Francopagni die Information von sowohl Gianfranco Matteuzzi als auch, unter Umständen, von Rodolfo Oechslin und Pierpaolo Matteuzzi. Das Ganze stand unter der Ägide des Generaldirektors, Dr. Mario Pierotti. Und der Finanzfachmann im Verwaltungsrat, Pier Lodovico Pierotti war gehalten und hatte zugesagt, die entsprechenden Instruktionen zu geben. Man erinnert sich, Pier Lodovico Pierotti wurde von der Staatsanwaltschaft erst auf Verlangen der Verteidigung acht Jahre nach dem Zusammenbruch der Sogevalor und zwölf Jahre nach den genannten Verwaltungsratssitzungen einvernommen (vgl. Seite 82).
Was ich nicht wusste, war, dass Francopagni, zusammen mit Rodolfo Oechslin und Pierpaolo Matteuzzi, ein Komplott geschmiedet hatte, keinen seriösen Rapport zu erstellen, wie die Erklärung vom 22. Oktober 1999 klar beweist (vgl. Seite 36).

Der von Francopagni verfasste Rapport wurde Gianfranco Matteuzzi übergeben, der ihn seinerseits an Bernardoni weitergab, welcher ihn mit Pier Lodovico Pierotti und Rechtsanwalt Postizzi diskutierte und dann über das positive Resultat des Rapportes im Rahmen der Verwaltungsratssitzung vom November 1999 orientierte.[65]
Neben der verspäteten Einvernahme Pier Lodovico Pierottis wurde Rechtsanwalt Postizzi dazu überhaupt nie befragt.
Was die freiwilligen Beiträge von Pierpaolo Matteuzzi und Rodolfo Oechslin an Klienten, die Verluste erlitten hatten, betrifft, so wird dies falsch und tendenziös dargestellt. Die beiden hatten in der Verwaltungsratssitzung gesagt, dass Klienten, die aus dem sogenannten Settlement 62 Prozent erhalten und mithin 38 Prozent in irgendeiner Form verloren hätten, später entschädigt werden sollten. Das Risiko bestand natürlich, dass diese Klienten abwanderten. Das wollten die Hauptaktionäre verhindern, und sie erklärten sich bereit, aus ihrem

65 Einvernahmeprotokoll Pierotti vom 26. August 2004, S, 6.

persönlichen Vermögen dazu beizutragen, die Fonds werthaltiger zu machen. Eine solche À-fonds-perdu-Leistung ist keineswegs unverständlich, wenn ein Aktionär versucht, die Klientschaft der eigenen Gesellschaft bei der Stange zu halten.

Ferner:
«Ausserdem hatte er (Meier) zum Zeitpunkt des Entwurfs der Eingabe an die Bankenkommission den Behauptungen von PP Matteuzzi und R. Oechslin Glauben geschenkt, nämlich dass sie nicht mehr Aktionäre der Dumont seien. Meier vertraute allen über alles.»

Das ist falsch: Zum Ersten waren zu jenem Zeitpunkt die Herren PP Matteuzzi und Rodolfo Oechslin tatsächlich nicht Aktionäre der Dumont, wie mittlerweile klargestellt ist. Dass sie die Aktien auf eine Stiftung übertragen hatten – und dies mithilfe von Giorgio Bernardoni und offenbar einem Herrn Frapolli (Bekannter von Dr. Mario Pierotti!, vgl. vorn, Einvernahme Mario Pierotti, Seite 83) –, wusste ich nicht und konnte ich nicht wissen. Ich war im Glauben, dass die Dumont kontrolliert sei von Julio Pasini, einem Ex-Banker des Schweizerischen Bankvereins, desselben Instituts, dem auch Fausto Arnaboldi während Jahren als Generaldirektor Tessin vorstand.

Falsch auch: *Meier glaubte allen alles.*
Das Gegenteil ist wahr. Ein gewisses Vertrauen ist allerdings unabdingbar. Der Verwaltungsrat hat unter seiner Führung eine Rekonstruktion der Einzahlungen und Rückzahlungen des Fonds anfertigen lassen gemäss Instruktionen des Finanzfachmannes (ehemaliger Chef der Fiat Finanz Schweiz) unter der Ägide des Generaldirektors und der Mitarbeit von Gianfranco Matteuzzi, dem Chef der Buchhaltung und Administration, durch Francopagni, einen qualifizierten Revisor, der später als interne bankengesetzliche Kontrollstelle von der Eidg. Bankenkommission akzeptiert wurde.
Ebenso hat er (Meier) für die Eingabe an die Bankenkommission **nicht Oechslin und Matteuzzi vertraut, sondern einem Anwaltsbüro und einer renommierten international anerkannten Wirtschaftsprü-**

fungsgesellschaft wie Ernst & Young, die auch als bankengesetzlich besonders qualifizierte Kontrollstelle zugelassen waren.

Die von der Staatsanwältin mir gegenüber erhobenen Vorwürfe zeigen, dass sie voreingenommen war. Die Behauptungen waren aktenwidrig. Die Staatsanwältin wollte jedoch eine Verurteilung von Meier um jeden Preis.

7 Das Strafgericht und sein Urteil

La Corte delle Assise Criminali – das Tessiner Strafgericht – befasste sich im Winter des Jahres 2012, mehr als acht Jahre nach der Einleitung der Untersuchung mit der von der Staatsanwaltschaft eingereichten Anklage.

7.1 Die Zusammensetzung des Gerichts

Das Gericht setzte sich wie folgt zusammen: Claudio Zali war Präsident des Gerichts. Wohl nicht zuletzt durch dieses Verfahren machte er sich einen Namen und ist heute Regierungsrat des Kantons Tessin. Zali ist eine eher kleine Erscheinung, bekannt als Hobbyautorennfahrer und Tischtennisspieler. Von seinen juristischen Fähigkeiten ist weniger bekannt: Er studierte in Zürich, machte dann im Tessin das Anwaltspatent und wurde Richter. Weit besser bekannt dagegen ist er als Exponent der Lega dei Ticinesi mit dem Motto: Gut sind die Tessiner, der Fremde ist primär der Feind. «Nella Lega c'e un profondo interesse per i cittadini, per i ticinesi che nessun altro riesce a far percepire».[66]
Bei der Lega gibt es ein tiefes Engagement für die Bürger; für die Tessiner gibt es niemanden sonst, der dies so zu bewerkstelligen versteht.
Über sich sagte er: «Se ho una capacità è quella di arrivare in fretta al punto, al cuore delle questioni.[67] Richtig ist, dass er schnell (zu schnell) Entscheide fällt, ohne der Sache auf den Grund zu gehen.
Die Beisitzer (sog. giudici a latere) waren **Antonio Fiscalini**, damals Rechtsanwalt in Lugano, spezialisiert auf Baurecht, und **Matea Pessina**, Rechtsanwalt in Mendrisio und Lugano, spezialisiert auf Werkvertrags- und Auftragsrecht, Baurecht, Enteignungsrecht, Planungsrecht und Umweltrecht, heute auch Richter am Verwaltungsgericht in Lugano (Il Tribunale cantonale amministrativo).

---

66 mattinonline.ch vom 16.12.2016, Claudio Zali in einem Interview.

67 https://www.liberatv.ch/news/politica-e-potere/1276296/io-claudio-zali-la-lega-la-politica-le-mie-passioni-i-miei-pregi-e-i-miei-difetti. «Wenn ich eine Fähigkeit habe, ist es diejenige, schnell auf den Punkt einer Frage zu kommen.»

Keiner der Richter hatte offensichtlich eine Ahnung von einer Gesellschaft, geschweige denn von der Organisation einer Bank oder bankähnlichen Organisation, einer internen Struktur und der entsprechenden Aufgabenverteilung zwischen Direktion und Verwaltungsrat, der Bedeutung der internen und externen Revision und der Funktion von Investment- und Kreditkommissionen.

7.2 Die Verhandlungen vom 22. bis 25. November 2012

Am Abend des 21. November fuhr ich nach Lugano und übernachtete im Hotel Walter, einem bescheidenen Hotel im Zentrum von Lugano am Ende der Via Nassa. Ein Blumenstrauss, den mir meine Tochter schickte, hellte meine Stimmung etwas auf. Der 22. November wäre auch der Geburtstag meiner Mutter gewesen, die im selben Jahr im März verstorben war. Was würde sie wohl sagen zu diesem Verfahren? Ich betrat das Gerichtsgebäude, das von zahlreichen Pressevertretern umringt war. Für alle ausser für den Angeklagten war es wie ein Kameradentreffen. Die Staatsanwältin trippelte von einem zum andern der Privatkläger, Verteidiger und Richter und versprühte ihren Charme. Einzig der später eintretende Gerichtspräsident Zali hielt sich auf Distanz (Reserviertheit wird ihm auch vorgeworfen), obwohl die beiden geistesverwandt waren, ohne der gleichen Partei anzugehören. Beide sind voreingenommen, kommen schnell zu einem Entscheid und tätigen keine weiteren Abklärungen, insbesondere dann nicht, wenn sie das gewonnene Bild beeinträchtigen könnten. Beide dem Geiste den «prima i nostri» angehörend, dominierten sie die Szene, jeder auf seine Art.

Wie üblich begann die Verhandlung nach Erledigung von prozessualen Fragen mit den persönlichen Befragungen. Schon bei meiner persönlichen Befragung liess Präsident Zali erkennen, dass sein Urteil gegen mich gefasst war. So zitierte er zynisch den von mir im Dezember 1999 in Deutsch erwähnten Satz von Staatsanwalt Meli im alten Strafverfahren gegen Rodolfo Oechslin und Pierpaolo Matteuzzi, dass in jener Strafanzeige des Kunden 775 «nicht viel Fleisch am Knochen sei», mit der Bemerkung, dass **«sehr wohl hier viel Fleisch am Kno-**

chen sei, wie wir noch sehen werden». Diese und einige andere Sprüche Zalis sind mir sehr gut in Erinnerung geblieben, auch wenn sie nirgends protokolliert sind.
Anschliessend an die persönlichen Befragungen der Angeklagten kamen zuerst die Staatsanwältin, die Privatkläger und dann die einzelnen Verteidiger zu Wort. Die Verhandlungen dauerten vier Tage. Am Nachmittag des 25. November 2012 fuhr ich zurück nach Zürich.

7.3 Die Verkündung des Urteils und seine Begründung

Die Verkündung des Urteils erfolgte am 14. Dezember 2012, zehn Tage vor Heiligabend und Weihnachten um 14.00 Uhr in der Aula des Gerichtsgebäudes in Lugano an der Via Pretoria.
Vorgängig ging ich mit meinem Anwalt zum Mittagessen ins «Orologio». Ich kannte das Lokal von früher. Sein Eigentümer hatte übrigens 1978 zusammen mit Partnern das Ristorante Scala in Bel Ombre auf der Hauptinsel der Seychellen gegründet, welches heute noch von Nachfahren geführt wird. «La Scala» hatte ich bei meinem ersten Besuch in den Seychellen, als ich 1978 zum Honorarkonsul dieser Inselrepublik ernannt wurde, kennengelernt. An jenem Mittagessen in Lugano, im Dezember 2012, ahnte ich nicht, dass ich das «La Scala» auf den Seychellen und seine Besitzer später näher kennenlernen würde. Das Essen schmeckte, ich war aber irgendwie nicht in Stimmung und hatte ein ungutes Gefühl. Nach dem Essen gingen wir zum nahe gelegenen Gerichtsgebäude. Die zahlreichen Pressevertreter hatten den Haupteingang umstellt; mein Anwalt führte mich zum Nebeneingang, durch den ich mehr oder weniger unbelästigt ins Gerichtsgebäude kam.
Nun kam die grosse Stunde von Claudio Zali: Wie ein populistischer Volkstribun donnerte der Gerichtspräsident des Tessiner Strafgerichts vom Podium vor einem voll besetzten Saal mit zahlreichen Pressevertretern und eröffnete: «In der Sogevalor wurde schon immer gestohlen…» (Nella Sogevalor si rubava da sempre.) Ich werde diese Worte nie vergessen. Protokolliert sind sie natürlich im schriftlichen Urteil nicht. Dann donnerte er weiter. Das Verdikt war vernichtend; die schriftliche Ausfertigung wurde am 8. März 2013 zugestellt.

Das Urteil umfasst 150 A4-Seiten. Das Plädoyer der Staatsanwältin ist auf ungefähr fünf Seiten protokolliert, wovon eine halbe Seite auf mich entfällt. Auf weiteren zwei Seiten erfolgen die Ausführungen der Privatkläger.

Verwische meine Kreise nicht

Die Ausführungen meines Verteidigers sind auf gut zwei Seiten enthalten, die schriftlich eingereichte Version seines Plädoyers umfasst 80 A4-Seiten.
Die karge Behandlung der Verteidigung ist symptomatisch, sie widerspiegelt sich nicht nur in der Seitenzahl, sondern auch darin, dass die Ausführungen meiner Verteidigung schlicht ignoriert wurden. Zali handelte ganz nach dem Motto «Noli turbare circulos meos» (Verwische meine Kreise nicht), dem Satz des griechischen Mathematikers und Physikers Archimedes (287–212 v. Chr.), den er äusserte, als die römischen Soldaten die von den Griechen verteidigte Stadt Syrakus eroberten und ihn angeblich bei einer mathematischen Berechnung störten.
Die Ausführungen der Verteidigung hätten die vorgefasste Meinung des Gerichts gestört und wurden deshalb wie Luft behandelt. Das Urteil hatte das Gericht bereits vor der Verhandlung vom November gefasst, was sich in seinen zitierten sarkastischen Bemerkungen am Anfang der Verkündung des Urteils widerspiegelte sowie in der Urteilsbegründung.

Die Konstruktion der Fakten durch Zalis Gericht

Extensiv befasst sich das Urteil mit Tatsachen, die das Gericht als «Vorgeschichte» (Antifatti) bezeichnet.[68] Es handelt sich um Vorgeschichten aus den Jahren 1972 bis 1998, Geschichten bzw. Darstellungen, zu denen ich nie befragt wurde, die aber zu meinen Lasten in diesem Verfahren benutzt werden, um die Klage der Staatsanwaltschaft und die vorgefasste Meinung des Gerichts zu stützen. Falsche Aussagen werden als Fakten hingestellt. Zu dieser angeblichen Vorgeschichte,

68 Vgl. Urteil S. 44–46.

den dort dargestellten Tatsachen und Aussagen der Beteiligten, **war ich während der ganzen Untersuchung nicht ein einziges Mal befragt worden,** noch hatte ich Dokumente dazu gesehen. Zali und seine Mitrichter haben sie selektiv genutzt, um ihren Angriff gegen den Verwaltungsratspräsidenten zu untermauern. Diese Vorgeschichten stützten sich auf das geschilderte alte und später eingestellte Strafverfahren gegen **Rodolfo Oechslin, Pierpaolo Matteuzzi** und **Diego Abbas** aufgrund der Anzeige des Kunden 775. Das eingestellte Verfahren wurde von Richter Zali aber gleichsam wieder zum Leben erweckt, um es für seine Zwecke zu nutzen. Aus dieser «Vorgeschichte» wurden denn auch nur zwei nach Meinung des Gerichts kritische Phasen herausgegriffen, wie vorstehend geschildert wurde; von den andern 25 Jahren, in denen nichts geschehen war, sprach niemand.

Nach dieser Einstimmung mit Geschichten, die nie Gegenstand der Untersuchung gewesen waren, die von willkürlich herausgegriffenen Behauptungen nur so strotzten, kommt das Urteil schliesslich zu den von der Staatsanwaltschaft geltend gemachten und behaupteten Fakten.

Die eigentlichen Erwägungen des Gerichts beginnen mit der Verwaltungsratssitzung vom 13. Oktober 1999. Nur, um wiederum Stimmung zu machen, schreibt das Gericht euphemistisch:

«Um den Sinn der Intervention von Rechtsanwalt Postizzi besser einordnen zu können, ist es notwendig, auf die Akten dieses Strafverfahrens zu verweisen und festzuhalten, was er (Postizzi) am 13. Oktober 1999 wusste.»

Diese Aussage und Argumentation des Gerichts ist hinterlistig.

Richtig wäre Folgendes gewesen: Nicht, was Postizzi wusste, sondern was er sagte. Dies interessierte den Schnelldenker Zali weniger. Hinterlistig ist es deshalb, weil das Gericht diese Aussagen benutzt, um zu suggerieren, Postizzi habe dies erzählt und der VR, insbesondere der Verwaltungsratspräsident, hätten dies gewusst oder es wissen müssen. Das Gegenteil ist wahr: Eben hat der Verwaltungsrat die vom Gericht zitierten Dokumente nicht gekannt. Ausserdem und wenn schon, hätte man die gesamten Akten kennen müssen und nicht willkürliche Ausschnitte davon.

Jedenfalls war Postizzis Schilderung an jenem Nachmittag des 13. Oktober 1999 keineswegs in der vom Gericht 2013, d.h. 14 Jahre später, suggerierten Form erfolgt. **Schon der Staatsanwaltschaft, aber auch dem Gericht wäre es unbenommen gewesen, Postizzi und andere dazu zu befragen.** Möglicherweise wäre dieser dadurch in eine unangenehme Situation versetzt worden, oder er hätte die Sachlage anders beurteilt, und dies wollten Zali und seine Mitstreiter vermeiden. Da ist es einfacher, sich auf den Zürcher VR-Präsidenten einzuschiessen, als einen bekannten Tessiner Anwalt einzuvernehmen.
Wie schon in der Anklage der Staatsanwältin Bergomi wurden vom Gericht lediglich selektiv Akten zusammengetragen, um eine Anklage zu rechtfertigen.
Die Sogevalor AG hatte eine Struktur mit Direktion und Komitees, u.a. einem Investitionskomitee, wie eingehend dargestellt wurde.
Auf diese Argumente, welche die Verteidigung ausführlich vorbrachte und dokumentierte, tritt das Gericht gar nicht ein, ebenso wenig auf die Rolle der Revisionsstelle, die interne Kontrollstelle und die Kontrollen durch die EBK.
Die Vorwürfe gegen mich umkreisten im Wesentlichen immer die gleichen zwei Bereiche:
- *Ich hätte gewusst, dass die Dumont Ltd in New York von Pierpaolo Matteuzzi und Rodolfo Oechslin kontrolliert wurde.*
- *Ich hätte als Mitglied und Präsident des VR nicht eingegriffen, als der gemäss Anklage ungenügende Rapport von Francopagni an der VR-Sitzung vom 18. November 1999 zur Diskussion gestanden hatte.*

Wie ich und der Verwaltungsrat mit den damals zur Verfügung stehenden Informationen umgegangen waren und wie sich das Bild damals präsentierte, wurde in den ersten Kapiteln dieses Buches geschildert (vgl. vorn, Seite 38 ff.).

Im Einzelnen dazu Folgendes:
1. Zur Frage der **Dumont Inc.,** New York
   Ich hätte die Dumont Ltd. in New York entstehen sehen, und es sei nicht glaubwürdig, dass Pierpaolo Matteuzzi und Rodolfo Oechslin

die Aktien zediert hätten, so das Urteil.[69] Diese Interpretation und die Folgerungen sind falsch und willkürlich.

Rodolfo Oechslin und Pierpaolo Matteuzzi bekräftigten, dass sie die Aktien übertragen hatten. Ich hatte keinen Grund, daran zu zweifeln. Die ganze Sogevalor war im Umbruch. Pierotti hatte 1999 Aktien der Sogevalor AG übernommen, VR und Geschäftsleitung waren neu bestellt, sodass die Änderung bei Dumont keineswegs etwas Aussergewöhnliches war.

Die Aktien waren im Übrigen tatsächlich übertragen worden auf eine Stiftung (was ich nicht wusste, sondern erst im Strafverfahren erfuhr), somit waren Rodolfo Oechslins und Pierpaolo Matteuzzis Aussagen richtig.

Das Halten der Aktien der Dumont durch Pierpaolo Matteuzzi und Rodolfo Oechslin wäre gar nicht verboten gewesen, sondern nur meldepflichtig; die diesbezüglich wahrheitswidrige Auskunft durch Rodolfo Oechslin und Pierpaolo Matteuzzi hätte für mich gar keinen Sinn gemacht.

Nicht die fehlende Deklaration der Anteilshaltung durch Rodolfo Oechslin und Pierpaolo Matteuzzi wäre primär als verbrecherische Tätigkeit zu werten, sondern – wie sich herausstellte – die nicht korrekte Behandlung von Kundengeldern durch Rodolfo Oechslin und Pierpaolo Matteuzzi und Bernardoni.

Die definitive und eingehende Eingabe an die Bankenkommission wurde von Ernst & Young und dem Studio VELO ausgefertigt und von Mario Pierotti koordiniert.[70]

Pasini war CEO der Dumont Ltd in New York. Er führte die Gesellschaft und musste die Buchhaltung den US-Steuerbehörden einreichen. Dass er Hand bieten würde zu illegalen Tätigkeiten, war für mich nicht ersichtlich; ich hatte ihn in Lugano und New York getroffen, wo ich auch die Büros der Dumont besichtigt und Partner, mit denen die Dumont zuammenarbeitete, kennen gelernt hatte. Ich kannte Pasinis Background und wusste von seiner Tätigkeit im

69 Urteil S. 66, Ziff. 39

70 Vgl. Protokoll der Sitzung des Verwaltungsrats vom 21. Januar 1999, S. 3; Einvernahme Meier vom 19. Juli 2011, S. 4

Schweizerischen Bankverein. Ich hatte keinen Grund, an seiner Integrität zu zweifeln.

2. Schliesslich wurde mir weiter vorgeworfen, die Sogevalor hätte (allerdings nicht 1999, sondern 2002 und 2003) überhöhte Kommissionszahlungen seitens der Dumont erhalten. Dies sei ein weiteres Verdachtsmoment gewesen, auf das ich nicht reagiert hätte. Was diese Kommissionszahlungen an die Sogevalor betrifft, so waren diese dem ganzen Verwaltungsrat bekannt, so auch den Bankexperten Arnaboldi, Bernardoni und dem CEO, Dr. Mario Pierotti, ferner der bankengesetzlichen Revisionsstelle Ernst & Young. Sie waren auch in den Meldungen an die Eidgenössische Bankenkommission enthalten! Ausserdem waren diese Kommissionszahlungen und/oder Beratungsgebühren auch gemäss Anklage **erst 2003** aussergewöhnlich hoch.[71]
Sie waren darum kaum geeignet, 1999, d.h. vier Jahre vorher, einen Verdacht gegenüber Pierpaolo Matteuzzi und Rodolfo Oechslin zu begründen oder zu verstärken, selbst wenn dieser Vorwurf zutreffen würde.

3. Wie aus der Tatsachenschilderung hervorgeht, haben die bankengesetzliche Revisionsgesellschaft Ernst & Young und Rechtsanwalt Postizzi bescheinigt, dass keine Verdachtsmomente gegen Rodolfo Oechslin und Pierpaolo Matteuzzi vorlagen (vorn, Seite 44). Diese für den Verwaltungsrat und dessen Präsidenten positiven Punkte beeindruckten das Gericht nicht. **Die Bestätigung der Revisionsgesellschaft überging das Gericht mit Schweigen**; die positive Stellungnahme von Rechtsanwalt Postizzi wurde vom Gericht nicht bestritten. Hingegen unterstellte das Gericht Rechtsanwalt Postizzi schlicht eine Falschbeurteilung und demontierte ihn als in einem Interessenkonflikt befangen.

71 Vgl. dazu auch Einvernahme Bernardoni vom 17. August 2004, S. 3, dessen Jahresabschluss ich erst nach meinem Ausscheiden aus dem Verwaltungsrat zu Gesicht bekam und der im Revisionsbericht der bankengesetzlichen Revisionsstelle Ernst & Young keinerlei Vorbehalte enthielt.

Aber: Weder hatte es die Staatsanwaltschaft seinerzeit während der «Untersuchung» noch das Gericht bei der Prüfung der Anklage für nötig befunden, Rechtsanwalt Postizzi zu befragen. Dafür befasst sich das Urteil über Seiten mit dem Strafverfahren gegen Pierpaolo Matteuzzi und Rodolfo Oechslin und zieht die ihm passenden Stellen und Aussagen der in jenem Verfahren Angeschuldigten hervor, um zu beweisen, dass Postizzi Unrecht hatte in seiner Beurteilung. Wie schon dargelegt, waren die nun im Prozess zur Debatte stehenden Dokumente und Aussagen den Angeklagten zuvor nie vorgelegt worden.
Schliesslich konnte zwar auch das Gericht nicht negieren, dass die Eidgenössische Bankenkommission – die alle relevanten Fakten kannte und insbesondere über das Strafverfahren gegen Pierpaolo Matteuzzi und Rodolfo Oechslin orientiert war und direkten Kontakt zur Staatsanwaltschaft hatte, mithin besser orientiert war als der Verwaltungsrat der Sogevalor, der keine Akteneinsicht in diesem Verfahren hatte – am 4. Juli 2000 der Sogevalor die Lizenz als Effektenhändler erteilte. Das Gericht unterlässt jedoch die Würdigung der Revisionsberichte und die ganze Entwicklung nach 1999, insbesondere die zahlreichen Verwaltungsratssitzungen, die Arbeiten des Investitionskomitees, dem unter anderen der ehemalige Direktor des Bankvereins Tessin, Fausto Arnaboldi, angehörte.

4. Unter Kapitel L des Urteils wirft das Gericht mir und Vizepräsident Bernardoni Misswirtschaft[72] vor. Beiden hält es vor, Kenntnis von den betrügerischen Handlungen Rodolfo Oechslins und Pierpaolo Matteuzzis gehabt und sie gebilligt zu haben, indem sie den Rapport Francopagni nicht hinterfragt, die Personen Rodolfo Oechslin und Pierpaolo Matteuzzi an ihrem Posten gelassen und auch nach Anklageerhebungen gegen die beiden nichts unternommen hätten. Zusätzlich wirft das Gericht Bernardoni vor, bereits 1990 im Zusammenhang mit der Finanzierung eines seiner Projekte davon gewusst zu haben.

72 Urteil, S. 2 ff.

Was mich als Verwaltungsratspräsident betrifft, habe ich davon nicht gewusst. Das Zustandekommen des Rapportes Francopagni wurde vorstehend geschildert, ebenso die Kontaktaufnahme zu dem für das Verfahren gegen Rodolfo Oechslin und Pierpaolo Matteuzzi zuständigen Staatsanwalt. Von einer Anklageerhebung habe ich nichts gewusst. Warum dann das Verfahren eingestellt worden sein soll, wenn alles so klar war, wie das Gericht Zali behauptete, bleibt mir bis heute ein Rätsel.

5. Während der Vorwurf der Misswirtschaft sowohl mir als auch gegenüber dem Vizepräsidenten erhoben wurde, wurde ich als Einziger mit dem Vorwurf der ungetreuen Geschäftbesorgung zulasten der Gesellschaft (Sogevalor) konfrontiert (Urteil Kapitel M).
   Gemäss dem Urteil dieses erstinstanzlichen Gerichts hätte ich die Sogevalor am Vermögen geschädigt aus den gleichen Gründen, die schon für die im vorigen Absatz geschilderte Misswirtschaft herangezogen wurden, nämlich, dass ich nicht eingeschritten sei, obwohl ich von den unredlichen Machenschaften der Herren Rodolfo Oechslin und Pierpaolo Matteuzzi gewusst hätte.

Warum diese Vorwürfe **nur gegenüber mir, dem Verwaltungsratspräsidenten, erhoben wurden, nicht aber gegenüber den anderen Mitgliedern des Verwaltungsrats und der obersten Geschäftsleitung, bleibt das Geheimnis der Anklage und des Gerichts.** Dem Verwaltungsratspräsidenten kommen diesbezüglich keine besonderen Pflichten zu, die den andern Mitgliedern nicht zukommen würden.

Diesen Vorwürfen zufolge wurde ich für schuldig befunden und vom *Corte delle Assise Criminali* mit Urteil vom 14. Dezember 2012 verurteilt zu:

- zwei Jahren Gefängnis mit bedingtem Strafvollzug und
- zur Bezahlung einer Summe von 300 000 Franken zusätzlich Spesen von 62 544.12 Franken an den Staat sowie
- Summen in der Höhe von total 37 554 143 Franken an Personen, deren Namen ich grösstenteils nicht kannte und die ich noch nie gesehen und von denen ich noch nie etwas gehört hatte.

Interessant und symptomatisch ist, dass im Urteil gesagt wird, mir werde die Untersuchungshaft an die Strafe angerechnet, **obwohl ich keinen einzigen Tag in Untersuchungshaft verbracht hatte!** Symptomatisch deshalb, weil es zeigt, wie wenig sich die Staatsanwältin und das Gericht mit den Tatsachen auseinandergesetzt hatten.

Gegen dieses Urteil habe ich am 13. März 2013 Berufung an das Appellationsgericht (Corte di Appello e di Revisione Penale, kurz CARP) des Kantons Tessin erhoben. Eine schriftliche Begründung wurde am 27. März 2013 eingereicht, diese war kurz, da das Verfahren wiederum mündlich geplant war.

8 Verfahren in der zweiten Instanz, dem Appellationsgericht des Kantons Tessin in Locarno

8.1 Die Zusammensetzung des Gerichts

Das Gericht (*Corte di Appello e di Revisione Penale*, kurz CARP) tagte in folgender Zusammensetzung: Präsident war Damiano Stefani aus Prato in der Leventina. Er hatte von 1986 bis 1992 an der Universität Zürich studiert.

Er war Richter an der Pretura di Leventina mit Sitz in Faido, dem Hauptort der Leventina. Die Leventina erstreckt sich von der Südrampe des Gotthard gegen Bellinzona, durch die heute allerdings der Verkehr über die Gotthardautobahn rollt, wodurch ihre wilde einsame Schönheit leider etwas gelitten hat. Touristisch ist sie bekannt für die *Strada alta*, eine pittoreske Wanderroute, die ich seinerzeit 1998 auch unter die Füsse genommen habe. Politisch gesehen besteht der Bezirk Leventina aus drei Kreisen und erstreckt sich geografisch hauptsächlich über die Täler Bedretto und Leventina.

Der Bezirk zählt knapp 10 000 Einwohner und leidet an der Abwanderung, da Junge kaum Arbeit finden. In Faido, 40 Autominuten von Bellinzona, befasste sich Stefani als Richter mit lokalen Angelegenheiten wie Nachbarstreitigkeiten, Kleinkriminellen usw.

2010 wurde Damiano Stefani zum Richter am Appellationsgericht gewählt. Zu diesem Posten am Appellationsgericht verhalf ihm seine Herkunft: Sein verstorbener Vater, genannt «padrino» (Godfather), war eine sehr einflussreiche Persönlichkeit gewesen.[73] In dieser Funktion als Richter am Appellationsgericht übernahm er den Vorsitz über das Richtergremium in meinem Fall. Er sah seinen grossen Fall!

Weiteres Mitglied der Kammer war Luca Grisanti. Er war damals hauptberuflich Gerichtsschreiber am Bundes-Sozialversicherungsgericht

73 mattinonline.ch, 13.6. 2010

und Dozent an der Hochschule Luzern für juristisches Deutsch (für Tessiner), heute ist er Richter am Appellationsgericht des Tessins in der zivilrechtlichen Abteilung. Stefano Manetti, der dritte Richter in diesem Appellationsgericht, war hauptberuflich Rechtsanwalt in Bellinzona mit Schwergewicht Bau- und Planungsrecht, Gesellschafts- und Firmenrecht, Haftpflicht und Versicherungsrecht Auch dieses Gericht hatte kein einziges Mitglied, das im Gesellschaftsrecht Erfahrung hatte, geschweige denn im Finanzsektor.

8.2 Verhandlungen und das Verdikt des Appellationsgerichts

Es war eine wunderschöne Frühlingswoche, die erste Aprilwoche des Jahres 2014. Auf diese war die Verhandlung vor dem Appellationsgericht in Locarno anberaumt worden, in einem altehrwürdigen Gebäude an der Via della Pace. Jeden Morgen vor sieben Uhr machte ich einen Morgenlauf. Er führte mich in der Regel vom Hotel Ramada Arcadia am Lago Maggiore den Berg hinauf Richtung Madonna del Sasso mit einem wunderbaren Blick ins Tal. Dies war das einzig Erbauliche dieser Tage. Die Verhandlung vor dem Appellationsgericht lief im Wesentlichen nach dem gleichen Muster ab wie vor der ersten Gerichtsinstanz. Wiederum hatte es den Charakter eines Treffens alter Kameraden (ausgenommen die Angeschuldigten), wiederum die in High Heels trippelnde Staatsanwältin. Einzig die Kulisse, das Bühnenbild, war anders, wir befanden uns am Appellationsgericht, der höchsten Tessiner Gerichtsinstanz, in Locarno. Die Verhandlungen zogen sich vier Tage dahin.

Eine mündliche Urteilsverkündung wurde nicht anberaumt. Das schriftliche Urteil trägt das Datum vom 18. August 2014 und wurde mir am Morgen des 22. August zugestellt. Es war niederschmetternd, denn es bestätigte im Wesentlichen die strafrechtliche Verurteilung der unteren Gerichtsinstanz.

Ich hatte gerade am Morgen früh meinen Koffer für eine kurze Reise nach Jersey mit früheren Militärkollegen aus meiner Zeit als Kommandant eines Füsilierbataillons gepackt. Das negative Urteil schlug mich psychisch nieder. Trotzdem entschied ich mich, die Reise anzutreten.

Wie betäubt fuhr ich zum Treffpunkt am Flughafen Kloten. Die Reise brach ich allerdings bereits am folgenden Sonntag, dem 24. August, ab, da mir das Urteil keine Ruhe liess.

8.3 Die Begründung

Das Urteil umfasst 291 Seiten, es ist detaillierter und mit wissenschaftlichem Anstrich abgefasst. In der seitenlangen Einführung, in welcher das Gericht Grundsätze darlegt, sie eingehend begründet wie ein fleissiger Student in einer Semesterarbeit, obwohl sie selbstverständlich sind. So sagt es zum Beispiel, dass die Beurteilung der Kenntnisse der Angeklagten aus damaliger und nicht heutiger Sicht zu erfolgen habe, dass nur Fakten und nicht Mutmassungen Grundlage der Beurteilung sein können, dass ferner nur auf Fakten oder Behauptungen abzustellen sei, zu denen sie, die Angeschuldigten, sich haben äussern können. Diese selbstverständlichen Grundsätze verletzte das Gericht anschliessend in gröbster Weise, als es um deren Anwendung ging. Gerade das Recht des Angeschuldigten, sich zu den Vowürfen im Einzelnen äussern zu können, das sogenannte rechtliche Gehör, wurde vom Appellationsgericht verletzt und später vom Bundesgericht gerügt.

Was mich als Verwaltungsratspräsident betrifft, ist es ebenfalls, wie schon das erstinstanzliche Urteil, gezeichnet von Vorverurteilungen, aktenwidrigen Behauptungen sowie Beurteilungen aus der Retrospektive. Kein Wunder also, hatte das Gericht das erstinstanzliche Urteil im Wesentlichen bestätigt. Die Strafe von zwei Jahren Gefängnis wurde auf 18 Monate herabgesetzt. Meine Schadenersatzpflicht wurde von 37 Millionen Schweizer Franken auf zirka 22 Millionen reduziert mit einer nicht nachvollziehbaren Berechnung.[74] Eine Berechnung, die später auch das Bundesgericht nicht verstanden hat.[75]

Der Hauptvorwurf geht wie im Urteil der ersten Instanz dahin, ich hätte wissentlich über die kriminellen Handlungsweisen Rodolfo Oechs-

74 Vgl. Urteil des Appellationsgerichts (Corte di Appello e di Revisione Penale) vom 18. August 2014, S. 164.

75 Urteil des Bundesgerichts vom 6. März 1917, insbes. Meier vs. STA Tessin und andere (6B_924/2014).

lins und Pierpaolo Matteuzzis hinweggesehen und beide an ihren Posten belassen.[76]
Wie schon mehrmals betont, hatte ich tatsächlich nicht gewusst, dass Rodolfo Oechslin und Pierpaolo Matteuzzi Klientengelder unrechtmässig verwendeten und hatte aus damaliger Sicht auch keine Veranlassung, dies zu ahnen und sie zu verdächtigen. Was für ein Interesse hätte ich gehabt, in einem Verwaltungsrat zu bleiben, in welchem andere Mitglieder, die zugleich Mehrheitsaktionäre waren, Klienten hintergingen? Diese Frage wurde nie gestellt. Immerhin bestätigte selbst das Gericht, dass ich auf dieses Mandat nicht angewiesen war. Eine Folgerung zog es daraus aber nicht.
Als ich Anfang März 2004 feststellte, dass etwas nicht stimmen konnte oder zumindest ein ungutes Gefühl bekam, konnte ich die mir vorenthaltenen Informationen gegen den Willen der Mehrheitsaktionäre nicht erzwingen, worauf ich als Präsident und Mitglied des Verwaltungsrats konsequenterweise zurücktrat.

Neben der Wiederholung der Thesen und Argumente der ersten Instanz, und nachdem auch dieses Gericht mir keine einzige aktive Handlung zum Nachteil der Klienten oder der Sogevalor hatte vorwerfen können, widmete das Appellationsgericht mir ein besonderes Kapitel mit Elementen, die es glaubte, mir persönlich zur Last legen zu können.
Das Kapitel lautet «**Elementi per valutare la consapevolezza di Otto Carl Meier**», d.h. Elemente, um das Mitwissen von Otto C. Meier zu bewerten.[77]
Diesem entnimmt man im Einzelnen Folgendes:
1. Ich sei seit den Siebzigerjahren im Verwaltungsrat gewesen und hätte die Entwicklung der Gesellschaft mitverfolgt.[78] Damit will das Appellationsgericht implizit auf die Behauptungen und Aussagen verweisen, welche in der 1999 gegen Rodolfo Oechslin und Pierpaolo Matteuzzi angestrengten Strafuntersuchung, die eingestellt

76 Vgl. dazu auch hinten das Verfahren und Urteil gegen Pierpaolo Matteuzzi.
77 Urteil S. 120, Ziffer 44.
78 Urteil S. 120, RZ 44 a.

worden war und nie zu einer Verurteilung geführt hatte, enthalten waren und auf welche sich schon die erste Instanz bezog. Obwohl die Appellationsinstanz diese Aussagen nicht zu verwenden behauptet, tut sie es dennoch. Ich wurde mit diesen Aussagen der ersten alten Strafuntersuchung gegen Pierpaolo Matteuzzi und Rodolfo Oechslin, die selektiv aus jenem Verfahren herausgepickt wurden, nicht konfrontiert, und vor allem hatte ich keine Kenntnisse von angeblichen Unregelmässigkeiten aus jener Zeit.

2. Geradezu grotesk ist die Argumentation des Gerichts, die Tatsache, dass ich in Zürich war und nicht wie der Vizepräsident Dr. Bernardoni und der geschäftsführende Verwaltungsrat und zeitweilige Direktionspräsident Fausto Arnaboldi sowie der Generaldirektor Dr. Mario Pierotti in Lugano, mache keinen Unterschied. Im Gegenteil, wenn ich nicht die notwendige Zeit zur Untersuchung (von was?) aufgewendet hätte, sei dies erschwerend für mich.[79]
   Kafka lässt grüssen. Der Gang der Untersuchung wurde vorstehend geschildert. Wer weit weg wohnt und dort beruflich tätig ist und dadurch nicht in das Tagesgeschäft der Gesellschaft (Sogevalor) involviert ist, hat weniger Gelegenheit, Unregelmässigkeiten zu entdecken. Eingreifen kann man nur, wenn man von etwas Kenntnis hat. Der Vorwurf, ich hätte mir die notwendige Zeit nehmen müssen, ist daher falsch. Als ich Kenntnis hatte, dass etwas nicht stimmte, nämlich nach dem Telefongespräch mit Derrick Stone, hatte ich mir sehr wohl Zeit für die Gesellschaft genommen. Das Bundesgericht hat später im Urteil in Sachen G. Bernardoni festgehalten, dass meine Position als in Zürich wohnender Verwaltungsrat nicht mit der seinigen (G. Bernardoni) gleichgesetzt werden kann.[80]
3. Die Tatsache, dass ich in einer grossen Treuhandgesellschaft gearbeitet hatte, wird ins Feld geführt, um zu beweisen, dass ich von den betrügerischen Aktivitäten Kenntnis hatte oder hätte haben müssen.[81] Wieso man bei einer grossen Treuhandgesellschaft automa-

79 Urteil S. 120 ff., RZ 44 b.

80 Urteil des Bundesgerichts in Sachen Giorgio Bernardoni/Ministero Pubblico del Cantone Ticino vom 6. März 2017, S. 23/24, Ziff. 8 am Ende.

81 Urteil S. 121, RZ.

tisch Erfahrung haben soll, betrügerische Aktivitäten von Mitarbeitern zu erkennen, ist nicht erklärt. Zudem: Wie steht es diesbezüglich mit den Bankexperten Pier Lodovico Pierotti, Fausto Arnaboldi, Dr. Mario Pierotti und Lorenzo Arnaboldi? Letztere waren zudem geschäftsführend in der Direktion, teilweise sogar über längere Zeit als Direktionspräsidenten. Sie alle hatten nicht nur Bankerfahrung, sie waren auch täglich in der Sogevalor persönlich in den Büros anwesend. Hier schweigt das Gericht.

4. Der nächste Vorwurf: (der schon andernorts und früher vom ersten Gericht erhoben wurde) lautete: Ich hätte bei der Verfassung des Entwurfs der Eingabe bzw. des Ausfüllens des Fragebogens an die EBK geahnt, dass Dumont den Herren Rodolfo Oechslin und Pierpaolo Matteuzzi gehörte.[82] Falsch: Ich hatte gewusst, dass die Dumont von den beiden gegründet worden war, ihnen aber geglaubt, dass sie die Gesellschaft zu jenem Zeitpunkt nicht mehr besassen. Das traf ja auch tatsächlich zu. Nicht gewusst hatte ich, dass Vizepräsident Bernardoni ein Konstrukt über einen Trust kreiert hatte, der den beiden die Kontrolle offenbar weiterhin ermöglichte.
5. Ebenfalls zu meiner Belastung führt das Gericht an, ich hätte gewusst, dass es nicht erlaubt sei, mit dem Geld neuer Kunden alte zu bezahlen.[83] Natürlich habe ich es gewusst, auch nie bestritten. Nicht gewusst habe ich, dass dies in der Sogevalor geschah.
6. In der VR-Sitzung vom 13. Oktober 1999 hätte ich Zweifel gehabt, ob alles mit rechten Dingen zugegangen sei beim Settlement und darum die Prüfung veranlasst.[84] Tatsache ist, dass der Verwaltungsrat sicher sein wollte, dass keine Unregelmässigkeiten oder Fehler geschehen waren und darum die Prüfung durch Francopagni veranlasst hatte.
7. Zum Vorwurf macht mir das Gericht: Ich hätte mich auf Bernardoni verlassen.[85] Dies trifft zum einen zu. Der Vorwurf trifft jedoch ins Leere. Damals hatte ich zu Recht Bernardoni vertraut, er war ein bekann-

82 Urteil S. 121, RZ d.
83 Urteil S. 122, RZ 44 lit e.
84 Urteil S. 122, RZ 44, lit f.
85 Urteil S. 122, RZ 44, lit g.

ter Anwalt auf dem Platz Lugano und zudem Mitglied des Verwaltungsrats einer bedeutenden Tessiner Bank. Im Rahmen der 1999 eingeleiteten Strafuntersuchung gegen Pierpaolo Matteuzzi und Rodolfo Oechslin hatte ich auch persönlich zusammen mit Bernardoni beim zuständigen Staatsanwalt Meli vorgesprochen, der mir bedeutete, dass strafrechtlich wohl keine Konsequenzen zu befürchten seien. Den Ausführungen Bernardonis habe im Übrigen nicht nur ich vertraut, sondern auch Generaldirektor Mario Pierotti und Verwaltungsrat Pier Lodovico Pierotti. Letzterer wurde zu diesem Thema nicht einmal befragt. Angeklagt wurden weder der eine noch der andere.

8. Im Zusammenhang mit dem Settlement hatte ich einige Fragen geprüft und dazu meine Meinung abgegeben. Ich hatte aber keine Unregelmässigkeiten gesehen. Und um dies nochmals zu verifizieren hat der Verwaltungsrat auch die oben angeführten Massnahmen getroffen. Das Gericht nimmt eine absolut willkürliche Interpretation der Fakten vor. Einerseits wird mir der Vorwurf gemacht, ich hätte nicht persönlich geprüft, und dort, wo ich nachweislich geprüft hatte, macht man mir den Vorwurf, ich hätte nichts entdeckt.[86]
9. Verzerrt und willkürlich ist die Annahme des Gerichts, ich hätte gewusst, dass gegen Pierpaolo Matteuzzi und Rodolfo Oechslin im ersten geschilderten Strafverfahren von 1999 Anklage erhoben worden sei.[87] Das Gegenteil stimmt, davon habe ich erst in diesem unter anderem gegen mich gerichteten Prozessverfahren Kenntnis erhalten. Richtig ist Folgendes: Im Rahmen des Bewilligungsverfahrens hatte es der Verwaltungsrat übernommen, die EBK über den Fortgang des Strafverfahrens gegen Rodolfo Oechslin und Pierpaolo Matteuzzi zu orientieren (daneben hatte die EBK aber immer einen direkten Kontakt mit dem zuständigen Staatsanwalt). Da Rechtsanwalt Bernardoni den Kontakt mit Anwalt Postizzi pflegte, hatte er logischerweise auch diese Orientierungen übernommen. Er hat die entspre-

86 Urteil S. 124, RZ 44, lit h.
87 Urteil S. 125, RZ 44, lit i.

chenden Briefe verfasst und an mich weitergeleitet; ich habe sie als Verwaltungsratspräsident mit der Zweitunterschrift versehen. Im Brief vom 30. Oktober 2000 teilte der Verwaltungsrat in dieser Weise der Bankenkommission mit, im Verfahren gegen Rodolfo Oechslin und Pierpaolo Matteuzzi sei die «apertura dell'istruzione formale» erfolgt. Stefani, der Präsident des Appellationsgerichts, hielt sich des Langen und Breiten darüber auf und behauptete, ich hätte gewusst oder hätte wissen müssen, dass dies, d.h. die «apertura dell'istruzione formale», die Erhebung der Anklage bedeutet. Ich hatte es verstanden als «Eröffnung der formellen Untersuchung».

Dazu ein wenig Sprachunterricht:
Apertura heisst Öffnung und Istruzione heisst gemäss dem führenden juristischen Wörterbuch Conte/Boss (Conte/Boss Dizionario giuridico ed economico/Wörterbuch der Rechts- und Wirtschaftssprache): Instruktion, Untersuchung, Anordnung. Schliesslich: «formale» heisst «formell». Gemäss diesem führenden Wörterbuch heisst demnach «apertura dell'istruzione formale» übersetzt: «Eröffnung der formellen Untersuchung».
Anklageerhebung dagegen heisst gemäss Conte/Boss: «promovimento dell'azione penale» oder gemäss Langenscheidt: «muovere un accusa contro...» oder «mettere in stato d'accusa». Das Gericht selbst spricht von «promozione di accusa».[88]
Nirgends ist für eine nicht im Tessiner Strafrecht tätige Person erkennbar, dass «apertura di istruzione» Anklageerhebung bedeuten soll. Der ehemalige Einzelrichter der Pretura di Leventina und heutige Vizepräsident des Appellationsstrafgerichts Stefani, der meine Verurteilung unbedingt wollte, hätte das eigentlich wissen müssen, hat er doch eine Dissertation über ein Thema im internationalen Privatrecht geschrieben.
Nur weil ich drei Jahre im Tessin gearbeitet hatte, allerdings nie in Strafsachen, unterstellt mir Stefani, und offenbar auch der Bundes-

88 Urteil S. 125. Conte/Boss, Wörterbuch der Rechts- und Wirtschaftssprache; Milano und München, 4. Aufl. 1993; Langenscheidts Handwörterbuch Italienisch, Berlin, München, Zürich.

gerichtsschreiber am Sozialversicherungsgericht und juristische Sprachlehrer an der Universität Luzern, Grisanti, ich hätte diesen Ausdruck kennen und klarerweise auf die Anklageerhebung schliessen müssen. Diese Behauptung ist, wie viele andere, absurd, willkürlich und dient nur dazu, die Anklage gegen mich aufrechtzuerhalten und die Fehler der Untersuchung zu vertuschen.
Auch bleibt die Frage im Raum, warum nichts geschah, als im vom Klienten 775 initiierten Strafverfahren im Oktober 2000 Anklage gegen Rodolfo Oechslin und Pierpaolo Matteuzzi erhoben wurde; warum wurde dann gemäss Richter Stefani im Jahre 2012 das Verfahren eingestellt? Im Übrigen wurde die Bankenkommission direkt von der Staatsanwaltschaft orientiert. Offenbar hat sie es auch nicht verstanden, denn eine Reaktion gab es damals von jener Seite nicht, obwohl der zuständige Sachbearbeiter Tessiner (Directeur Adjoint A. Bizzozzero, im Tessin patentierter Rechtsanwalt) war.[89]

10. Der weitere Vorwurf, ich als Präsident des Verwaltungsrats hätte nicht auf den Brief vom 12. September 2001 der Revisionsgesellschaft Ernst & Young reagiert, ist grundfalsch.[90] In jenem Schreiben wies die Revisionsstelle auf die mangelnde Ertragslage per Ende Juni 2001 hin, die aus dem Halbjahresabschluss hervorging.
Zum Ersten hat sich der Verwaltungsrat in **jeder** Sitzung im Jahr 2001 mit der Ertragslage befasst, nämlich bereits am 24. April 2001 (also vor dem Schreiben der Revisionsstelle), am 28. August 2001, am 5. Dezember 2001. Der Verwaltungsrat hat sich insbesondere am 28. August mit dem Abschluss per 30. Juni 2001 befasst, und ich habe auf die Problematik der Ertragslage hingewiesen. Der gesamte Verwaltungsrat hatte daher Kenntnis davon, insbesondere auch der operative Verwaltungsrat Fausto Arnaboldi, Ex-Generaldirektor des Schweizerischen Bankvereins Ticino, der mit Sicherheit ein grösserer Experte im Bankwesen war als ich, ebenso Bernardoni, bekanntlich auch Verwaltungsrat einer Bank, und Generaldirektor Mario Pierot-

89 Vgl. Einvernahme Kowalsky, S. 2, woraus hervorgeht, dass er das Dossier von Bizzozzero übernommen hatte.
90 Urteil S. 126, RZ 44 lit I.

ti, der das Protokoll führte.[91] Fausto Arnaboldi wurde dazu nicht einmal befragt. Im Übrigen hatte sich die Situation per Ende Jahr verbessert. Im VR-Protokoll der Sitzung vom 5. Dezember 2001 hatte ich festgestellt, dass zwar das Resultat immer noch negativ war, sich die Situation gegenüber dem Sommer jedoch verbessert hätte.[92] Auch an dieser Sitzung waren Fausto Arnaboldi, Giorgio Bernardoni und Dr. Mario Pierotti dabei.

Elemente, die von der Verteidigung vorgebracht und vom Gericht zumindest erwähnt und zum Teil gewürdigt wurden – allerdings auf seine Weise:

Weder das erstinstanzliche Gericht, geschweige denn die Staatsanwaltschaft befassten sich mit Tatsachen, welche von der Verteidigung vorgebracht worden waren und welche zugunsten des Angeschuldigten sprachen. Dem Appellationsgericht ist zugute zu halten, dass es mindestens zum Teil formell darauf eingegangen ist.

Die Erteilung der Lizenz als Effektenhändler[93]

Zweifellos war die Erteilung der Lizenz ein gewaltiger Schritt vorwärts. Diese wurde erteilt, trotz des immer wieder zitierten alten Strafverfahrens gegen Pierpaolo Matteuzzi und Rodolfo Oechslin von 1999, von dem die Lizenzbehörde Kenntnis hatte, stand sie doch in direktem Kontakt zur Staatsanwaltschaft. Für mich als Verwaltungsratspräsident war es eine Genugtuung, Freude und Bestätigung, dass die Reorganisation Früchte getragen hatte und von den Behörden entsprechend gewürdigt wurde.
Auch diesen Erfolg versucht die Appellationsinstanz zu schmälern und in Zweifel zu ziehen, zum einen, indem sie sagt, die Revisionsstelle, die sich auch zur Beziehung Sogevalor–Dumont hatte äussern müssen, hätte dies nur aufgrund der Angaben von Bernardoni und Oechslin

91 Vgl. VR-Protokoll der Sitzung vom 28. August 2001, S. 2.
92 VR-Protokoll vom 5. Dezember 2001, S. 2.
93 Urteil S. 129.

getan. Dies weiss ich bis heute nicht. Wenn schon, hätte es an der Revisionsstelle gelegen, die entsprechenden Belege zu verlangen.
Zum andern führt das Appellationsgericht die Tatsache an, dass die Bewilligungsbehörde auch einen Vorbehalt bezüglich des Verfahrens gegen Rodolfo Oechslin und Pierpaolo Matteuzzi angebracht hatte. Das war für mich keine Schmälerung; aufgrund der mir vorliegenden Information (vgl. Brief Revisionsstelle und RA Postizzi, Seite 43) war ich vom positiven Ausgang überzeugt. Die Bankenkommission offensichtlich ebenso.
Tatsache ist, dass die EBK, eine wahrlich unabhängige Instanz, sich einerseits auf den Prüfungsbericht der von ihr dazu lizenzierten und besonders befähigten Revisionsgesellschaft Ernst & Young stützte und anderseits direkten Kontakt zur Staatsanwaltschaft hatte. Sie erteilte die Bewilligung in Kenntnis aller damals bekannten und erkennbaren Umstände. Warum dies keine Genugtuung und Beruhigung des Verwaltungsratspräsidenten hätte sein dürfen, wie das Appellationsgericht behauptet, ist nicht nur unverständlich, sondern einfach ein klares Zeichen, dass das Gericht einen Sündenbock in der Person des Zürcher Verwaltungsratspräsidenten haben wollte.

Die Bedeutung der Revisionsstelle [94]

Die Revisionsstelle prüft die Bücher und die Geschäftstätigkeit der Gesellschaft, sie muss von den Aktionären und dem Verwaltungsrat unabhängig sein. Sie erstattet jährlich Bericht an den Verwaltungsrat und die Generalversammlung der Aktionäre über die geprüfte Jahresrechnung. Im Falle von Banken und Finanzgesellschaften wie der Sogevalor bedarf es einer besonders qualifizierten Revisionsstelle.
Damit eine Revisionsgesellschaft diese besondere Befähigung erhält, braucht sie eine besondere Lizenz, welche ihr, wenn die entsprechenden Voraussetzungen erfüllt sind, von der Bankenkommission (heute Finma) erteilt wird.
In ihrem Urteil ist die Revisionsstelle unabhängig.

94 Urteil S. 131.

Die Revisionsberichte enthielten zu keinem Zeitpunkt (zwischen 1973 und 2003) auch nur den geringsten Vorbehalt bezüglich der Rechnungsabnahme, ebensowenig die zusätzlichen von der EBK verlangten Sonderberichte, welche die Revisionsstelle zu erstellen hatte, so namentlich den Bericht, den sie im Spätsommer 2003 erstellen musste und der mit dem 3. Oktober 2003 datiert ist (vgl. Seite 55).

Richtig ist, dass die Rentabilität nicht immer den Erwartungen entsprach und auch nicht mit der Benchmark übereinstimmte. Damit hat sich der Verwaltungsrat in seinen Sitzungen befasst, wie vorstehend dargestellt wurde. Warum – gemäss Appellationsgericht – der Verwaltungsratspräsident, und nur er, daraus auf eine verbrecherische Tätigkeit von Pierpaolo Matteuzzi, Rodolfo Oechslin und anderen hätte schliessen müssen, bleibt das Geheimnis des urteilenden Gerichts, war er (sowie die übrigen Mitglieder des Verwaltungsrats) während all der Jahre doch im Besitz der Empfehlungen der Revisionsstelle, die vorbehaltlos die Abnahme der Jahresrechnung empfahl.
Die Bankexperten im Verwaltungsrat und in der Direktion Fausto Arnaboldi, Dr. Mario Pierotti, Pier Lodovicoi Pierotti und Lorenzo Arnaboldi blieben nicht nur von der Anklage, sondern auch nur von entsprechenden Fragen durch die untersuchende Staatsanwältin verschont.

Die internen Revisionen von Francopagni der R. group AG[95]

Der Verwaltungsrat gab die Schwerpunkte der internen Revisionen in Absprache mit der externen Revisionsstelle dem internen Revisor bekannt, um Doppelspurigkeiten zu vermeiden. Der interne Revisor erstellte schriftliche Berichte, die alle dem Verwaltungsrat vorlagen und keine Vorbehalte enthielten.
Die Behauptung des Gerichts, der Verwaltungsratspräsident hätte nicht gewusst, was der interne Revisor kontrolliert und sich nicht darum gekümmert, **ist damit ebenfalls falsch und aktenwidrig**.

95 Urteil S. 133, RZ 48.

Interne Struktur der Sogevalor[96]

Die interne Struktur und die beschlossenen und bestehenden Kommissionen werden vom Appellationsgericht zwar erwähnt, ihre Bedeutung aber negiert und in den Wind geschlagen.

Zum Ersten behauptet das Gericht, die Organisation sei nur geschaffen worden, um die Effektenhändlerlizenz zu erhalten. Eine hinterhältige und tendenziöse Behauptung, die auch klar den Tatsachen, die das Gericht den Akten entnehmen konnte und musste, widerspricht. Aber selbst wenn die Organisation geschaffen worden wäre, um den Erfordernissen der EBK zu genügen, ist sie doch eben geschaffen. Richtig ist, dass die Organisation erweitert und wenig später auch die Lizenz verlangt wurde. Die neue Organisation war aber schon vorher eingeleitet worden, unter anderem, weil ein neuer wichtiger Aktionär, Dr. Mario Pierotti, zur Gesellschaft stiess und er als Generaldirektor und sein Vater als Mitglied des Verwaltungsrats in die Sogevalor eintraten. Die Reorganisation war mit der Erteilung der Lizenz auch keineswegs beendet. Der Verwaltungsrat hat sich verschiedentlich mit der Organisation befasst. In der VR-Sitzung vom 28. August 2001 hatte Fausto Arnaboldi, Ex-Generaldirektor des Schweizerischen Bankvereins (und nicht Pierpaolo Matteuzzi!) sich dazu geäussert. Im Protokoll der Sitzung des Verwaltungsrats heisst es: *Seit dem 1. Mai 2001 hat er (Fausto Arnaboldi) die Direktion präsidiert mit der Aufgabe der Kontrolle und der Koordination. Er hält fest, dass sehr starke Verbesserungen eingetreten sind und dass die Sitzung praktisch wöchentlich durchgeführt würde, jeden Dienstag um 09.30 Uhr. Es hätten teilgenommen die Herren Pierpaolo Matteuzzi, Lorenzo Arnaboldi, Mario Pierotti (insbesondere für den Capital Market) und Gianfranco Matteuzzi für den Sektor Verwaltung* (vgl. vorne, Seite 49).[97]

Ferner hatte sich in der Verwaltungsratssitzung vom 5. Dezember 2001 in einer eingehenden Diskussion die Organisationsauffassung von Pierotti, unterstützt von Bernardoni und Arnaboldi, durchgesetzt, entgegen der Auffassung des Präsidenten,[98] der dann die vorne (siehe Seite 50) aufgezeichnete Organisationsstruktur beschloss.

96 Urteil S. 134, RZ 49.

97 VR-Protokoll vom 28. August 2001.

98 Vgl. VR-Protokoll Verwaltungsratssitzung vom 5. Dezember 2001, S. 3, Punkt 6.

Tatsache ist, dass der Verwaltungsrat sich in unzähligen Sitzungen mit der Organisation und Aufgabenteilung befasst hat und dass diese nicht ein «Windowdressing» für die EBK war.

Es ist das Gericht, das vorsätzlich die Augen vor diesen Tatsachen verschliesst und ein vorgefertigtes Urteil gegen den Präsidenten mit allen Mitteln durchsetzen will.

Was sodann die Komitees betrifft, so urteilt das Gericht falsch und entgegen den Akten und aus der Retrospektive, aus heutiger Sicht, nachdem durch das Strafverfahren alles bekannt geworden ist. Das Investitionskomitee bestand im Jahr 2000 aus Mario Pierotti, Lorenzo Arnaboldi und Pierpaolo Matteuzzi,[99] später aus Mario Pierotti, Fausto Arnaboldi und (teilweise) Lorenzo Arnaboldi, Riccardi (nur 2001), Rainoldi und teilweise Pierpaolo Mateuzzi.[100] Ausserdem waren teilweise Vertreter von Tenti dabei. Der unverdächtige Zeuge M.d.A. bestätigt diese Zusammensetzung und bestätigt ferner, dass Protokolle geführt und in Ordnern abgelegt wurden.[101] M.d.A. kannte die Sogevalor gut; er hatte dort von 1987 bis 1990 die Lehre gemacht und war im August 1999 wieder in die Gesellschaft eingetreten. Er arbeitete im Back Office.

Diese Aussagen des unverdächtigen Zeugen interessieren das Gericht offenbar nicht. Dafür beruft es sich auf Pier Lodovico Pierotti, der 2012, d.h. zwölf Jahre nach seinem Austritt aus dem Verwaltungsrat und nun ein kranker alter Mann, aussagte, er erinnere sich nicht mehr an ein Kreditkomitee. Schon die Frage war falsch, das Kreditkomitee spielte nie eine praktische Rolle, entscheidend für die Sogevalor – und man würde meinen, auch für die in diesem Verfahren aufgeworfenen Fragen – war das Investitionskomitee, da die Sogevalor keine Kredite vergab. Hier war das Investitionskomitee gefragt, bzw. wäre gefragt gewesen. Auch dafür hatten sich weder die Staatsanwaltschaft noch die beiden Gerichtsinstanzen interessiert. Hingegen wird immer wieder darauf hingewiesen, dass die Klienten mit den Fonds Tissera und Glo-

99 Protokoll VR-Sitzung vom 24. November 2000.

100 Vgl. Zirkularbeschluss des VR vom 18.10.2000, Protokoll der VR-Sitzung vom 18.9.2002.

101 Zeugenaussage M.d.A. vom 16. August 2004, S. 5.

bal hintergangen worden seien, ohne zu fragen, was denn die Rolle des Investitionskomitees gewesen sei oder gewesen wäre. Weiter beruft sich das Gericht auf Rainoldi, der erst Ende April 2003 als Direktor zur Sogevalor stiess.
Abschliessend und zusammenfassend muss festgehalten werden, dass auch diese Gerichtsinstanz sich wenig bis gar nicht an die eindeutig aus den Akten hervorgehenden Tatsachen hielt.

8.4 Das Urteil der zweiten Instanz und seine Folgen

Nun also hatte ich das Urteil am 22. August 2014 vor der Abreise nach Jersey erhalten. Nach dem Abbruch meiner Reise zwei Tage später kehrte ich nach Zürich zurück, und mein Anwalt und ich begannen sofort mit der Ausarbeitung einer Beschwerde an das Bundesgericht, welche dann am 19. September 2014 eingereicht wurde. Gleichzeitig musste ich mir Gedanken machen für den Fall der Abweisung der Beschwerde durch das Bundesgericht.

8.4.1 Drohender Ruin und Flucht

Das Urteil des Appellationsgerichts war grundsätzlich vollstreckbar, d.h., die 22 298 440.68 Schweizer Franken zusätzlich weiterer Spesen und Kosten von ca. 1,5 Millionen Schweizer Franken, zu deren Bezahlung mich das Gericht verurteilt hatte, konnten jederzeit gegen mich geltend gemacht und in einem Betreibungsverfahren vollstreckt werden; dann wäre ich erledigt und würde im Konkurs enden. Ein Gedanke, der mich nicht nur Tag und Nacht beschäftigte, sondern auch für mich völlig unakzeptabel war, da ich keinen der Gläubiger der Sogevalor hintergangen hatte und von Rodolfo Oechslins und Pierpaolo Matteuzzis Verfehlungen nichts gewusst hatte; ich selbst war von ihnen hintergangen worden.
Diese Vollstreckungsmöglichkeit hing wie ein Damoklesschwert über mir.
Noch hatte ich eine Gnadenfrist: Das Bundesgericht kann die Vollstreckung durch die Gewährung einer sogenannten «aufschiebenden Wirkung» für die Dauer des Beschwerdeverfahrens vor Bundesgericht

aufheben. Wie mir mein Anwalt versicherte, und wie mir meine eigenen Abklärungen bestätigten, gewährte das Bundesgericht in solchen Fällen in aller Regel diese aufschiebende Wirkung.
Diese zivilrechtlichen Konsequenzen wären für mich mindestens so einschneidend gewesen wie eine strafrechtliche Verurteilung mit bedingtem Vollzug.
Mit andern Worten: Ich musste versuchen, zu retten, was zu retten war, hatte man mir doch bereits Werte in der Höhe einer halben Million Franken mit Beschlag belegt und hatte ich bereits damals Anwaltskosten in der Höhe von 350 000 Franken bezahlt; so galt es, wenigstens den Rest einem ungerechtfertigten Zugriff zu entziehen.
Allein auf ein positives Urteil des Bundesgerichts zu hoffen, wagte ich nicht. Wie hiess doch das Sprichwort, das ich jeweils meinen Klienten mitgab: «Vor Gericht und auf hoher See bist du in Gottes Hand.»
Dazu kam, dass, wie mir ein Blick in die Zusammensetzung der Strafkammer des Bundesgerichts zeigte, ein einziger italienischsprachiger Richter darin sass, und er kam ebenfalls aus dem Tessin, ja, aus der Leventina. Nach den bisherigen Erfahrungen war mein Vertrauen in die «eigenen» Richter mehr als erschüttert. Trotzdem hoffte ich natürlich auf einen positiven Ausgang vor Bundesgericht.

«Hauen Sie ab!»

Es zeigte sich schnell, dass die einzige Möglichkeit, sich einer sofortigen Vollstreckung zu entziehen, eine Wohnsitzverlegung ins Ausland war und zwar in einen Staat, mit welchem die Schweiz kein Vollstreckungsabkommen geschlossen hat, das ohne weitere Prüfung eine sofortige Vollstreckung des Urteils des Appellationsgerichts erlaubt. In meiner Ansicht wurde ich nach Rücksprache im März 2015 mit einem Hochschullehrer, Professor und Inhaber eines Lehrstuhls in dieser Materie, bestärkt, der mir nach Analyse der Situation empfahl: «Hauen Sie ab!»

Nachdem ich jahrzehntelang die Republik der Seychellen als Honorarkonsul vertreten hatte, drängte sich eine Verlegung meines Wohnsitzes in diesen Staat auf, was ich dann auf den 1. Oktober 2015 auch tat. Dieser Schritt fiel mir sehr schwer, musste ich doch meine bisherige

Aufbauarbeit des Anwaltsbüros und des Treuhandbüros unter Druck und infolgedessen zu unvorteilhaften Bedingungen an Dritte übergeben. Aber es galt, das kleinere Übel zu wählen. Getreu dem chinesischen Sprichwort «Rettungsboote baut man nicht im Sturm» nutzte ich die Gnadenfrist, um die Wohnsitzverlegung durchzuführen.
Die Seychellen, ein Inselstaat im westlichen Indischen Ozean, sind bekannt als Feriendestination, haben aber aufgrund ihrer enormen Wasserfläche von ungefähr einer Million Quadratkilometern auch eine starke Fischereiindustrie.

Historische Darstellung Prempehs I.

Weniger bekannt ist, dass die Seychellen vielfach auch Verbannte beherbergten. Einer der ersten Verbannten war König Prempeh I., der Herrscher über das Aschantireich in Westafrika, der sich der Kolonisation durch die Briten widersetzte. Als britische Truppen 1896 unter dem Kommando Robert Baden Powells (dem späteren Gründer der Pfadfinderbewegung) in Kumasi, dem heutigen Ghana, einmarschierten, wurde Prempeh I. verschleppt und anschliessend ins Exil auf die tausend

Kilometer entfernten Seychellen verfrachtet. Die Inselgruppe, ursprünglich französisch, war 1814 den Briten von den Franzosen überlassen worden. Im Exil verfasste Prempeh die Geschichte des Aschantireichs (The History of Ashanti Kings and Whole County Itself).
Ich dagegen verfasste auf den Seychellen die vorliegende Geschichte der Sogevalor…
Erst ungefähr zwanzig Jahre später durfte Prempeh in sein Land zurück; die Briten erlaubten ihm aber keine Wiedereinsetzung in die ursprüngliche Regierungsposition. Immerhin durfte er den Titel eines Kumasihene, eines traditionellen Herrschers von Kumasi, wieder annehmen.
Einer der berühmtesten Verbannten war Erzbischof Makarios von Zypern, der 1956 von den Briten auf die Seychellen verbannt wurde und dort bis 1959 verblieb, weil er sich ebenso wie Prempeh der britischen Vorherrschaft in seinem Land widersetzt hatte.
Insofern fühlte ich mich in guter Gesellschaft, auch wenn ich leider nicht die Residenz an der Sans-souci Road hoch über der Hauptstadt mit einem wunderbaren Blick auf den Indischen Ozean beziehen konnte, die seinerzeit die Amerikaner dem Erzbischof zur Verfügung gestellt hatten.

8.4.2 Die Mär der Unschuldsvermutung

Dieser Schritt wurde mir auch durch andere Ereignisse nahegelegt. Wenn die Medien über Angeklagte und deren Verfahren berichten, endet die Berichterstattung meist mit dem ominösen Satz: «Es gilt die Unschuldsvermutung.» Besonders sarkastisch ist diese Bemerkung dann, wenn der Berichterstatter vorerst genüsslich alles berichtet hat, was gegen den Angeklagten spricht.
Nun, wie verhält es sich mit dieser Unschuldsvermutung? Es handelt sich dabei um das Prinzip, dass von der Unschuld des Angeklagten auszugehen ist, bis die Schuld bewiesen und das Gericht ein entsprechendes Urteil gegen ihn gefällt hat. Dieser Grundsatz ist in der Menschenrechtscharta der Vereinten Nationen, in der Europäischen Menschenrechtskonvention und in der Schweizerischen Strafprozessord-

nung festgehalten.[102] Diese Unschuldsvermutung gilt jedoch leider im normalen Alltag in aller Regel nicht und kommt nicht zum Tragen. Dafür gibt es unzählige Beispiele (Google-Stichwort «Unschuldsvermutung Schweiz»). Meine Situation ist eines dafür:
Kurz nachdem der Zusammenbruch der Sogevalor und die Einleitung von Strafuntersuchungen, unter anderem gegen mich, einer Privatbank in Zürich bekannt wurden, wurden mir alle meine dort eröffneten Konten sowie diejenigen meiner Klienten gekündigt.

Ich konnte sie dank eines Freundes, den ich seit meiner Jugendzeit kannte und der mir vertraute, auf eine ausländische Bank in Zürich transferieren. Da diese Bank in Zürich in der Folge geschlossen wurde, mussten die Konten nach Liechtenstein an den Hauptsitz des Instituts transferiert werden, wo sie für einige Zeit operativ blieben. Als die Bankleitung jedoch vom Verfahren der Staatsanwaltschaft Tessin gegen mich in der Angelegenheit Sogevalor erfuhr, wurden mir nicht nur auch dort alle Konten gekündigt, sondern es begann eine wahre Hexenjagd gegen mich mit den absurdesten Unterstellungen, die schliesslich in einer Anzeige an die Finanzaufsicht in Liechtenstein mündete, welche jedoch dem Begehren der Bank keine Folge gab. Erwähnenswert ist die Tatsache, dass ich von der Bank nie zu einer Stellungnahme eingeladen, ja mehr noch, trotz meiner diesbezüglichen Begehren, je zu einer Stellungnahme zugelassen wurde. Alles verlief wie in einem Inquisitionsverfahren der katholischen Kirche im Mittelalter. Auch damals wurde kein Verfahren mit zwei Parteien, einer Anklage und einer Verteidigung und einer Gerichtsinstanz durchgeführt, einzig dass man im mittelalterlichen Inquisitionsverfahren den Inquisitor wenigstens kannte, der Compliance-Inquisitor versteckt sich hinter dem Kundenberater, und man bekommt ihn als Bankkunde normalerweise nicht zu Gesicht, er wirkt im Geheimen.
Dass es bei anderen Banken ähnlich verlief, zeigt, dass es nicht am Standort im katholischen Liechtenstein gelegen hat.

102 Art. 11, Abs. 1 der UNO-Menschenrechtserklärung; Art. 6, Abs. 2, Europäische Menschenrechtskonvention; Art. 10 der Schweizerischen Strafprozessordnung.

Eine andere Bank weigerte sich, für die Gesellschaft eines meiner Klienten ein Konto zu eröffnen, wenn ich in die Sache meines Klienten irgendwie involviert bliebe. Das heisst: Mein Klient konnte das Konto eröffnen, aber ohne mich; ich musste den Klienten aufgeben oder aber ich konnte den Klienten behalten, aber für ihn bzw. seine Gesellschaft kein Bankkonto eröffnen.
Unter den Banken, denen die Unschuldsvermutung keinen Deut wert war, befanden sich international grosse Institute in London und Singapur, aber auch schweizerische Kantonalbanken. Gut erinnere ich mich an ein Telefongespräch mit einer Angestellten einer renommierten Bank in Singapur, mit der ich lange Zeit in Geschäftsbeziehung gestanden hatte: «Sind Sie nicht der Präsident der Sogevalor? Leider sind wir gezwungen, die Beziehung mit Ihnen aufzuheben.»
Diesbezüglich hat insbesondere eine Kantonalbank den Vogel abgeschossen: Ich wurde von einem Freund und langjährigen früheren Klienten angefragt, ob ich das Präsidium einer Stiftung, die im sozialen Bereich tätig sein sollte, übernehmen würde, und ich sagte zu. Neben mir im Stiftungsrat waren zwei weitere Mitglieder, unter anderem ein kantonaler Parlamentarier. Als es um die Kontoeröffnung ging, übernahm er es, diese mit der Bank vorzunehmen. Die Bank weigerte sich, mich als zeichnungsberechtigten Stiftungsratspräsidenten zu akzeptieren: Mit einem Verbrecher wollten sie gemäss eigenen Angaben nichts zu tun haben.

Konten wurden mir auch an andern Orten gekündigt, teilweise ohne Grundangabe, teilweise mit dem mehr oder weniger klaren Hinweis auf das «Verfahren Sogevalor».
Erwähnenswert und illustrativ ist auch das Verhalten einer anderen Schweizer Bank: In einer über zwanzig Jahre dauernden Klientenbeziehung war ich im Verwaltungsrat der Schweizerischen Aktiengesellschaft, die diesem Klienten gehörte.
Als wir 2018 das E-Banking verlangten, erfuhr die Bank vom Verfahren Sogevalor und weigerte sich, mir das E-Banking zu erteilen. Erst nach montelangem Ringen unter Zuhilfenahme des Klienten und meines Anwalts stimmte die Bank schliesslich zu. Diesmal hatte ich Glück; ein

anderer Klient wäre während dieser Zeit einfach «abgesprungen». Die ganze Angelegenheit hatte mit der Sogevalor nichts zu tun, keinen einzigen Berührungspunkt.

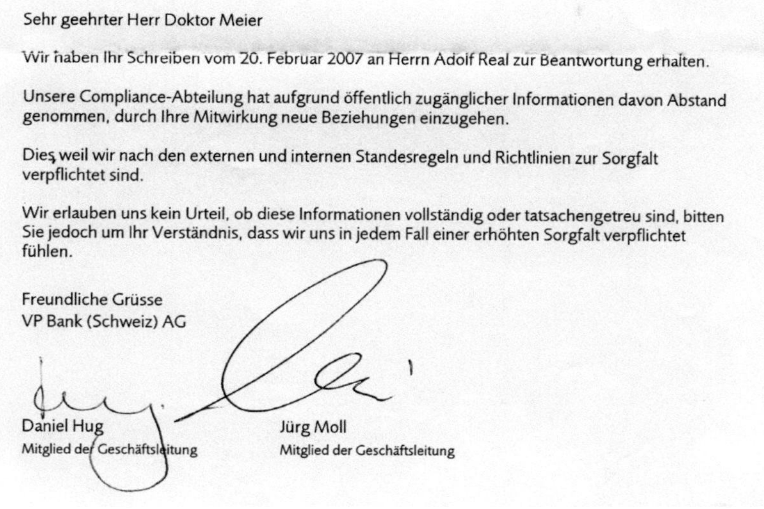

Sehr geehrter Herr Doktor Meier

Wir haben Ihr Schreiben vom 20. Februar 2007 an Herrn Adolf Real zur Beantwortung erhalten.

Unsere Compliance-Abteilung hat aufgrund öffentlich zugänglicher Informationen davon Abstand genommen, durch Ihre Mitwirkung neue Beziehungen einzugehen.

Dies, weil wir nach den externen und internen Standesregeln und Richtlinien zur Sorgfalt verpflichtet sind.

Wir erlauben uns kein Urteil, ob diese Informationen vollständig oder tatsachengetreu sind, bitten Sie jedoch um Ihr Verständnis, dass wir uns in jedem Fall einer erhöhten Sorgfalt verpflichtet fühlen.

Freundliche Grüsse
VP Bank (Schweiz) AG

Daniel Hug
Mitglied der Geschäftsleitung

Jürg Moll
Mitglied der Geschäftsleitung

Unschuldsvermutung: Ein höfliches Schreiben der VP Bank Liechtenstein zeigt, was sie davon hält.

Diese negativen Stellungnahmen gründen die Bankinstitute häufig auf eine Auskunft des sog. «World-Check», einer Datenbank, bei der sich Institute abonnieren können. Diese Datenbank verfolgt die negativen Meldungen über Personen, positive werden nicht vermerkt. So auch in meinem «Fall». Während das negative Urteil des Appellationsgerichts vermerkt wurde, schwieg World-Check zur Annullierung desselben durch das Bundesgericht. Hatte ich Glück, lud mich die Bank zur Stellungnahme ein. Man kann mittels Kopie des Urteils und/oder einem Gutachten zu beweisen versuchen, dass das Urteil des Appellationsgerichts annulliert wurde.

Nicht nur Banken, auch andere in- und ausländische Behörden suchen häufig in World-Check oder ähnlichen Datenbanken. Ich hatte oftmals grosse Mühe, aufgrund des negativen Eintrags Bewilligungen oder Lizenzen für eine Tätigkeit zu erhalten.

So viel zur Unschuldsvermutung.

Nicht alle Banken und Behörden waren derart voreingenommen, es gab einzelne wohltuende Ausnahmen; aber meine Tätigkeit war massiv beeinträchtigt, zahlreiche Mandate war ich nicht mehr in der Lage anzunehmen, oder ich wurde gar nicht erst angefragt.

9 Die Schelte des Bundesgerichts oder Zurück auf Feld 1

Während ich mich auf den Seychellen aufhielt, befasste sich das Bundesgericht mit den von mir und anderen eingereichten Beschwerden. Am 6. März 2017 hat das Bundesgericht meine Beschwerde (siehe Sei6 te 121) gutgeheissen, das Urteil des Appellationsgerichts des Kantons Tessin aufgehoben und die Angelegenheit zur Neubeurteilung an dieses gleiche Appellationsgericht zurückgewiesen. Was waren die Hauptpunkte des Bundesgerichts?

9.1 Ausgangslage

Vonseiten der Staatsanwaltschaft und der beiden kantonalen Tessiner Gerichtsinstanzen war mir nie vorgeworfen worden, ich hätte Klienten direkt geschädigt, sondern ich hätte die Gesellschaft Sogevalor geschädigt, indem ich dem kriminellen Treiben Matteuzzis und Oechslins (und andern) keinen Einhalt geboten hätte, obwohl ich gemäss Behauptung dieser Instanzen davon gewusst haben soll. Um mich dafür zu verurteilen, hätte die Staatsanwaltschaft diesen der Gesellschaft verursachten Schaden nachweisen müssen. Der Schaden der Gesellschaft hätte darin bestanden, dass sie für die fehlbaren Handlungen Matteuzzis und Co hätte geradestehen, d.h., die Kunden hätte entschädigen müssen.

9.2 Die Begründung des Bundesgerichts

Da weder die Staatsanwaltschaft noch die Gerichte diesen Schaden, der der Sogevalor entstanden sein soll, nachweisen konnten und die entsprechenden Dokumente, welche den Schaden belegen sollten, auf die sich das Urteil des Appellationsgerichts stützte, nicht einmal mir als Angeklagtem vorgelegt worden waren, fehlte ein objektives Element, um überhaupt die im Strafgesetzbuch vorgesehenen Tatbe-

stände der ungetreuen Geschäftsbesorgung und der Misswirtschaft als erfüllt anzusehen.
Das vom Appellationsgericht gefällte Urteil war daher schon aus diesem Grunde ungültig, und das Bundesgericht verzichtete auf weitere Beurteilung anderer Aspekte, solange dieser Mangel nicht behoben würde. Zu einer solchen allfälligen Verbesserung und Neubeurteilung wies es die Sache zurück an das oberste kantonale Gericht des Kantons Tessin.
Das Appellationsgericht «La Corte di Appello e di Revisione Penale», hatte sich daher nochmals mit dem «Fall» zu befassen.

Die andern Beschwerden wurden teilweise gutgeheissen teilweise abgewiesen. Interessant ist, dass das Bundesgericht in einem der Urteile festhielt, dass meine Position als in Zürich tätiger Anwalt nicht zu vergleichen sei mit auf dem Platz anwesenden Verwaltungsräten, insbesondere derjenigen des Vizepräsidenten Giorgio Bernardoni.[103]

9.3 Das Urteil gegen Pierpaolo Matteuzzi vom 23. August 2016

Man erinnere sich: Pierpaolo Matteuzzi und Rodolfo Oechslin waren die Köpfe der Betrügereien an den Kunden der Sogevalor. Pierpaolo Matteuzzi war im August 2004 untergetaucht und angeblich unauffindbar. Ein Haftbefehl wurde erst 2012, d.h. acht Jahre später aufgrund einer Intervention eines Verteidigers ausgestellt.
Schliesslich wurde Pierpaolo Matteuzzi in Bologna gefunden. Diesen Aufenthaltsort von Pierpaolo Matteuzzi hatten in Lugano die Spatzen von den Dächern gepfiffen, nur die Staatsanwaltschaft war taub. Als die Staatsanwältin ihn schliesslich ausfindig gemacht hatte, wurde er rogatorisch, d.h. von den italienischen Behörden im Auftrag der Tessiner Staatsanwaltschaft, in Italien einvernommen (siehe auch Seite 65 ff.).

103 Urteil des Bundesgerichts vom 6. März 2017.

Anklage wurde erhoben, und am 23. August 2016 fällte das erstinstanzliche Gericht in Lugano, die «Corte delle Assise Criminali», das Urteil gegen Pierpaolo Matteuzzi.
Er wurde verurteilt wegen wiederholter Urkundenfälschung und gewerbsmässigen Betrugs und bestraft mit 30 Monaten, wovon 23 Monate unter Gewährung des bedingten Strafvollzugs, und zur Bezahlung von 6 Millionen Franken an den Staat sowie zur Bezahlung von ungefähr 30 Millionen Franken an einzelne Gläubiger.

9.4 Der Freispruch von Pierpaolo Matteuzzi vom Vorwurf der ungetreuen Geschäftsbesorgung und Misswirtschaft

Interessant ist, wofür Pierpaolo Matteuzzi nicht verurteilt wurde, nämlich für ungetreue Geschäftsbesorgung und Misswirtschaft, beides begangen gegenüber der Gesellschaft Sogevalor. Für diese Delikte war ich dagegen von dem ersten Tessiner Strafgericht und vom Appellationsgericht verurteilt worden. Hiervon wurde Pierpaolo Matteuzzi vom Gericht freigesprochen. Die Begründung des Gerichts dafür war, dass für die Zeitperiode, für welche Pierpaolo Matteuzzi ins Recht gefasst werden konnte, der Sogevalor kein Schaden entstanden sei oder sich zumindest nicht nachweisen lasse, nein, die Vermögenssituation der Sogevalor AG habe sich in diesem Zeitraum sogar verbessert!
Für die Zeitperiode vom 19. November 1999 bis März 2003 war die gleiche Gerichtsinstanz, die «Corte delle Assise Criminali», zu einem Schaden an der Gesellschaft bzw. den Gläubigern von 37 Millionen Schweizer Franken (vgl. Seite 109) gelangt. Das zweitinstanzliche Gericht kalkulierte immer noch einen der Gesellschaft in diesem Zeitraum von mir verursachten Schaden von ungefähr 22 Millionen Franken und hatte mich dafür verurteilt.
Die gleiche Gerichtsinstanz, die «Corte delle Assisse Criminali», urteilt somit völlig unterschiedlich:
Im Urteil gegen mich wird festgestellt, der Gesellschaft sei ein Schaden von 37 Millionen Franken entstanden, für die ich gegenüber der Gesellschaft einzustehen hätte, obwohl mir keine einzige fehlbare Handlung gegenüber einem Kunden vorgeworfen wird.

Im Fall gegen Pierpaolo Matteuzzi, der wegen Betrugs und Urkundenfälschung zulasten der Kunden überführt und verurteilt wird, sei der Gesellschaft kein Schaden entstanden, für den er einzustehen habe. Ich wurde verurteilt, weil ich gemäss Angaben der beiden Tessiner Gerichte nicht verhindert hatte, dass Pierpaolo Matteuzzi und Rodolfo Oechslin ihre kriminelle Tätigkeit zulasten der Gesellschaft fortführen konnten; nun wird aber der Haupttäter vom Vorwurf dieser kriminellen Tätigkeit zulasten der Gesellschaft, von der ich ihn hätte abhalten sollen, freigesprochen. Es ist, wie wenn ein Bilderfälscher verurteilt wird für die Fälschung eines Originals, das es gar nicht gibt.[104]

104 Siehe Anmerkungen zum **direkten** und **indirekten Schaden** im Anhang.

10 Ende gut – alles gut?

Die Verfahren gegen mich, Giorgio Bernardoni und Pierpaolo Matteuzzi wurden nun zusammengefasst und neu bzw. nochmals vom Appellationsgericht beurteilt: der Fall Pierpaolo Matteuzzi, weil er Berufung eingelegt hat, die Angelegenheit Giorgio Bernardoni und meine, weil das Bundesgericht mein ursprüngliches Urteil vollumfänglich annulliert, dasjenige von Giorgio Bernardoni teilweise annulliert und zur Neubeurteilung an das Appellationsgericht zurückgewiesen hat. Gegen den Freispruch von Pierpaolo Matteuzzi vom Vorwurf der Misswirtschaft und der ungetreuen Geschäftsbesorgung durch das erstinstanzliche Gericht hat die Staatsanwaltschaft keine Berufung eingelegt.
Das Appellationsgericht in neuer Zusammensetzung unter Präsidentin Giovanna Ruggero-Will ordnete ein schriftliches Verfahren an.

Am 17. Juli 2019, d.h. vierzehn Jahre, elf Monate und sieben Tage nachdem meine Bankguthaben beschlagnahmt und eine Strafuntersuchung gegen mich eingeleitet worden war, erhielt ich das zweite neue Urteil des Appellationsgerichts des Kantons Tessin, **das mich vollumfänglich in allen Punkten freisprach.**

Ein Schaden an der Sogevalor konnte von der Anklage nicht nachgewiesen werden, und der Freispruch war schon allein aus diesem Grund gerechtfertigt. Im Urteil heisst es an einer Stelle, die mich betrifft:

> *Fossimo in un romanzo, si direbbe che la condanna di Meier per questo reato ha una storia travagliata. Tuttavia siccome questa è una sentenza, ci si limita a dire che la storia di questa condanna manca di linearità: Il punto dell'AA che la riguarda è totalmente generico; per la sua conferma la corte di primo grado ha percorsa una via (peraltro troppo breve); la seconda istanza ne ha, invece, percorsa una (più lunga e laboriosa) completamente diversa.*

Wären wir in einem Roman, würde man sagen, Meiers Verurteilung für dieses Vergehen sei eine Leidensgeschichte. Aber da es sich hier um ein konkretes Urteil handelt, beschränken wir uns darauf, festzuhalten, dass es der Geschichte dieser Verurteilung an Gradlinigkeit fehlt: Die Ausführung der Anklage, die sie (die Vorwürfe) betreffen, sind viel zu allgemein; um sie zu bestätigen, hat das erstinstanzliche Gericht eine bestimmte Linie (übrigens eine zu kurze), die zweite Instanz dagegen eine völlig andere (längere und ausführlichere) verfolgt.[105]

Dem ist wohl nichts weiter beizufügen…

…ausser Folgendes:

Das Urteil gegen Pierpaolo Matteuzzi lautete auf 30 Monate Gefängnis für Betrug und Urkundenfälschung. Er wurde in Abwesenheit verurteilt. Dasjenige gegen Giorgio Bernardoni auf eine Freiheitsstrafe und Geldstrafe wegen der Delikte gegen Klienten der Sogevalor. Rodolfo Oechslin war bereits früher rechtskräftig verurteilt worden zu einer Freiheitsstrafe und Geldstrafe; Strafbefehle waren ebenfalls schon früher von der Staatsanwaltschaft gegen zwei weitere Mitarbeiter der Sogevalor erlassen worden.
Gegen die Revisionsgesellschaft, gegen deren leitenden Revisor keine Strafanklage erhoben worden war, hatte die Konkursmasse der Sogevalor eine Zivilklage eingeleitet. Die Revisionsstelle hatte dann 2017 einen Vergleich abgeschlossen und zahlte den Gläubigern bzw. der Konkursmasse einen Betrag von über 10 Millionen Schweizer Franken.

105 Urteil des Appellationsgerichts vom 17.7.2019, S. 48.

Nachwort und Dank

Ich habe die Geschichte der Aufarbeitung der Sogevalor durch die Justiz so geschildert, wie ich sie erlebt und persönlich empfunden habe. Eine Lehre daraus zu ziehen, überlasse ich dem Leser und der Leserin; die Reaktionen werden nicht bei jedem gleich ausfallen. Einzig zwei Merkmale scheinen für jeden augenfällig: Zum Ersten: Wer glaubt, in der «ältesten Demokratie der Welt» selbstverständlich auf ein faires Verfahren zählen zu können, der irrt. Zum Zweiten: Ein solches Verfahren ist ohne den Einsatz beträchtlicher finanzieller Mittel nicht zu gewinnen.

Ich bedanke mich bei allen, die mir in diesen fünfzehn Jahren die Treue gehalten haben und mich unterstützten, allen voran meiner Tochter Janine und meinem Sohn Oliver sowie den Freunden und Freundinnen, die mir Mut gemacht haben, die Geschichte zu Papier zu bringen, und welche die Mühe auf sich genommen hatten, Anmerkungen und oder Kritik anzubringen.

Ein besonderer Dank gebührt meinem Freund und Anwaltskollegen Dr. Jürg Zoller für seine wertvolle Hilfe mit Rat und Tat in dieser turbulenten und zum Teil sehr schwierigen Zeit.

Meinem Freund, dem Maler und Bildhauer Egbert Marday, danke ich für die Erlaubnis, eine Kopie seines Gemäldes «Trial of Pompee» als Cover benützen zu dürfen. Pompee war ein Sklave, der sich gegen seinen brutalen weissen Herrn aufgelehnt hatte und dafür 1810 vom Gericht in den Seychellen zum Tode auf dem Scheiterhaufen verurteilt wurde.

Schliesslich danke ich Frau Maria Staral, meiner langjährigen treuen Assistentin, für Schreibarbeiten und Mithilfe bei der Dokumentation.
Ein herzliches Dankeschön gilt auch dem Verlag für das sorgfältige Layout und die Korrekturarbeiten von Werner Affentranger und Marlis Boeschenstein.

Die Verantwortung für Inhalt und Text liegt einzig bei mir.

Otto C. Meier

Anhang

Namensverzeichnis
Direkter und indirekter Schaden
Sogevalor als Schweizer Effektenhändler
Über Otto Carl Meier

Namensverzeichnis

Aktionäre, Verwaltungsräte (VR) und Direktoren der Sogevalor

---

* Namen geändert.

Direkter und indirekter Schaden

Die Kunden der Sogevalor AG, die einen Verlust erlitten haben, können unter bestimmten Bedingungen, wenn unsachgemäss gehandelt wurde, einen Schadenersatzanspruch durchsetzen. Dabei gilt es Folgendes zu unterscheiden:

- Der Verlust wurde verursacht durch **Kursschwankungen bei Aktien oder Währungsschwankungen oder Ähnliches**: grundsätzlich kein Anspruch des Kunden gegenüber der Gesellschaft.
- Der Verlust wurde verursacht durch **betrügerisches Verhalten** einer Einzelperson innerhalb der Sogevalor (z.B. weisungswidrige Investition, Abzweigung der Gelder für Privatzwecke): Der Kunde hat einen Anspruch gegenüber der fehlbaren Person, es handelt sich um einen sogenannten **Direktschaden**.

Für die durch fehlbares Verhalten verursachte Schädigung eines Kunden haftet unter Umständen die Gesellschaft, nämlich dann, wenn die Geschäftsführungsorgane um die Verfehlungen gewusst und sie gebilligt haben. Der Gesellschaft entsteht dadurch unter Umständen ein Schaden, weil sich ihre Vermögenslage infolge der potenziellen Haftung gegenüber den durch die Fehlbaren geschädigten Kunden verschlechtert. Hier spricht man von einem **indirekten Schaden**.

Sogevalor als Schweizer Effektenhändler

Wer im Jahre 1997 als Effektenhändler, Optionen- oder Futureshändler tätig sein wollte, bedurfte unter dem damals neuen Börsengesetz einer Bewilligung der Eidgenössischen Bankenkommission (Art. 10, Börsengesetz). Im Einzelnen bestimmte das Gesetz damals Folgendes:

Als Effekten gelten Wertpapiere, nicht verurkundete Rechte mit gleicher Funktion (Wertrechte) und Derivate, wenn sie vereinheitlicht und zum massenweisen Handel geeignet sind. Dies trifft zu, wenn sie in gleicher Struktur und Stückelung öffentlich angeboten oder bei mehr als 20 Kunden platziert werden und somit nicht für einzelne Gegenparteien besonders geschaffen werden.

Das Börsengesetz unterteilt die Effektenhändler neu in fünf Kategorien. Die Meldepflicht für eine Bewilligung trifft alle Effektenhändler unabhängig von der Zugehörigkeit zu einer Kategorie. Als schweizerische Effektenhändler gelten Eigenhändler, Emissionshäuser, Derivathäuser, Market Maker und Kundenhändler. Kundenhändler (darunter fiel die Sogevalor AG) sind gemäss dem Börsengesetz Effektenhändler, «die gewerbsmässig in eigenem Namen für Rechnungen von Kunden mit Effekten handeln und

a) selber oder bei Dritten für diese Kunden Konten zur Abwicklung des Effektenhandels führen; oder
b) Effekten dieser Kunden bei sich oder in eigenem Namen bei Dritten aufbewahren».

Kundenhändler sind dem Börsengesetz auch unterstellt, wenn sie nicht hauptsächlich im Finanzbereich tätig sind; diesfalls müssen sie das Effektenhandelsgeschäft rechtlich verselbstständigen. Selbst Treuhandgesellschaften, Notare und Anwälte, die ebenfalls für Rechnung von Kunden gewerbsmässig mit Effekten handeln, müssen sich bei der Eidgenössischen Bankenkommission für eine Bewilligung anmelden.

Die **sachlichen Voraussetzungen** waren damals wie folgt (seither wurden sie geändert):
Wie bereits unter den früheren Bestimmungen des Kantons Zürich wird die Bewilligung nur erteilt, wenn der Gesuchsteller durch seine internen Vorschriften und seine Betriebsorganisation die Erfüllung der Pflichten unter dem Börsengesetz sicherstellen kann. Der Gesuchsteller, die verantwortlichen Mitarbeiter sowie die massgebenden Aktionäre müssen Gewähr für eine einwandfreie Geschäftstätigkeit bieten. Auch müssen der Gesuchsteller und seine verantwortlichen Mitarbeiter über die erforderlichen Fachkenntnisse verfügen. Die Gesellschaft soll mit genügend Mindestkapital unterlegt sein.

Das Mindestkapital beträgt einheitlich neu 1 500 000 Franken für den Effektenhändler.

Otto Carl Meier

Der Autor führte seit dem Jahr 1976 ein Anwalts- und Treuhandbüro in Zürich. Von 1978 bis 2019 war er ausserdem Honorargeneralkonsul der Republik der Seychellen in der Schweiz. Heute ist er hauptsächlich als Konsulent tätig und lebt auf Mahe (Seychellen), in Italien und der Schweiz.

Frühere Publikationen

Hinweis: Frühere Bücher und Publikationen des Autors sind auch unter dem Namen *Otto C. Meier-Boeschenstein* erschienen.

Die Liechtensteinische privatrechtliche Anstalt (Dissertation), 1969.

Le nuove restrizioni concernenti l'investimento di fondi stranieri in Svizzera, *Rivista degli Scambi Italo-Svizzeri, Nr. 4*, 1978.

Rechtsprobleme bei internationalen Warenverkäufen zwischen Italien und der Schweiz, *Handelszeitung*, Nr. 45, November 1984.

Die Internationalisierung des Rechts am Beispiel der schweizerisch-italienischen Beziehungen, *Rivista degli Scambi Italo-Svizzeri*, Nr. 2, Februar 1990.

Aspetti della garanzia bancaria nel diritto svizzero, *Rivista degli Scambi Italo-Svizzeri*, Nr. 4, April, 1990.

Das EWR-Abkommen, *Rivista degli Scambi Italo-Svizzeri*, Nr. 7/8, Juli/August 1992.

The New Law regarding Joint Stock Companies, published in *The Journal of Business Law*, March 1994.

Leitfaden zur Unternehmensgründung. *Die rechtlichen und steuerlichen Überlegungen*, Volume 2, Schulthess Polygraphischer Verlag, Zürich, 3. Auflage, 1996.

Agire informati – se un'impresa italiana intende prestare servizi in Svizzera, in *La Rivista della Camera di Commercio Italiana in Svizzera*, Februar 2014.

New Agreements against Double Taxation concluded by Switzerland, in the Winter issue 2014/15 of the *International Tax Newsletter of JPA International.*